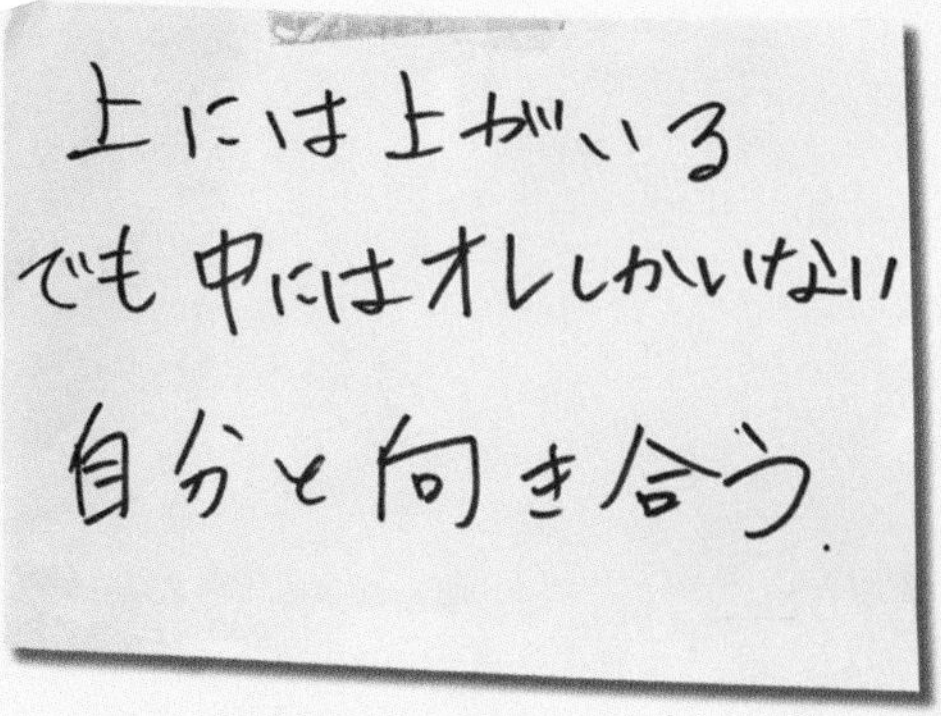
上には上がいる
でも中にはオレしかいない
自分と向き合う。

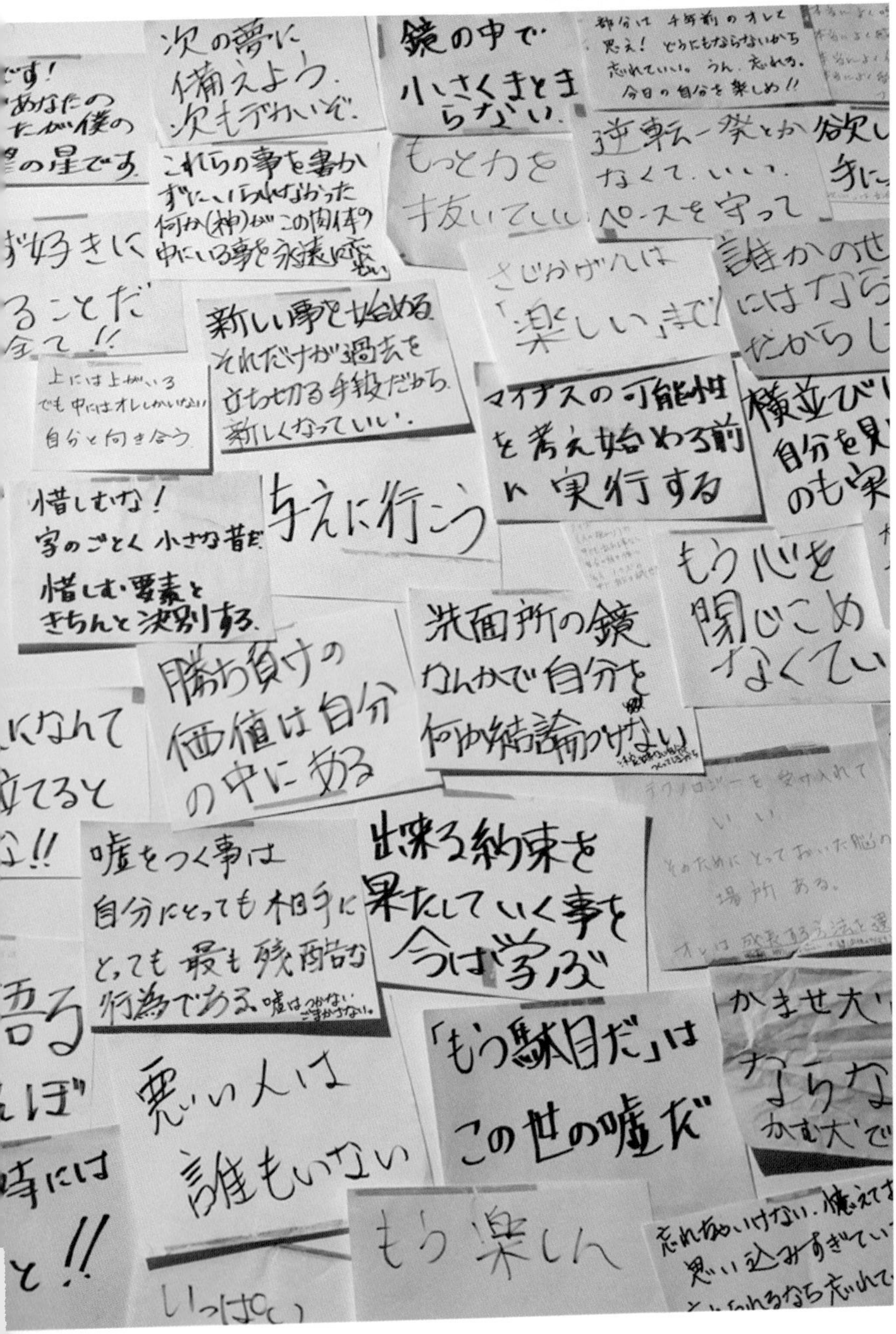

です！
あなたの
たか僕の
...の星です

ず好きに
...ることだ
全て!!

上には上がいる
でも中にはオレしかいない
自分と向き合う

惜しむな！
字のごとく小さな昔を
惜しむ要素と
きちんと決別する.

くなんて
立てると
...!!

吾
...ぼ
寺には
...と!!

次の夢に
備えよう。
次もデカいぞ。

これらの事を書か
ずにいられなかった
何か(神)がこの肉体の
中にいる事を永遠に...

新しい夢を始める
それだけが過去を
ぶち切る手段だから。
新しくなっていい'.

与えに行こう

勝ち負けの
価値は自分
の中にある

嘘をつく事は
自分にとっても相手に
とっても最も残酷な
行為である。嘘はつかない。

悪い人は
誰もいない

鏡の中で
小さくまとま
らない。

もっと力を
抜いていい。

さじかげんは
「楽しい」で！！

マイナスの可能性
を考え始める前
に実行する

洗面所の鏡
なんかで自分を
何も結論づけない

出来る約束を
果たしていく事を
今は学ぶ

「もう駄目だ」は
この世の嘘だ

もう楽しん
いっけ...

都合は 千年前のオレと
思え！どうにもならないから
忘れていい。うん、忘れろ。
今日の自分を楽しめ!!

逆転一発とか欲し
なくて、いい。
ペースを守って

欲し
手に...

誰かの...
にはなら...
だからし...

横並び...
自分を見...
のも...

もう心を
閉じこめ
なくてい...

テクノロジーを受け入れて
いい。

そのためにとっておいた脳の
場所 ある。

オレは発表する為と選...

かませ犬...
ならな...
かむ犬で...

忘れちゃいけない。慣れて
思い込みすぎてい...
いられるなら忘れ...

自分の傷つを
癒せぬと
正統化するのはダメ

自分の傷つを
癒させない奴に
人の病みは癒せない

空っぽに
していい
他人にそれを
認めさせようと
しない！

人を挑戦な
人の挑戦に来

オレは自分自身の
傷みを乗り越えて
いくんだ！そして
人に見せるんだ

やり始めたら
楽しい！
だってもうただ
やるだけだもん！

見た目で馬鹿
見た目で馬鹿
心！心で

今後一切、
「もうダメだ」と
思う必要ない

ちゃんと
強さを学ぶ

他人のやり方で
人の役に立つなんて
ズルいし失敗する

見せかけ筋肉
ない
筋肉は

自分のやり方で
人の役に立つ
自分を分け与える

自信にあふれて
いる奴の前に
道は開かれる

体は語る
Book human
本のような人＝体

筋トレは
やっておこう

やり切る事
それ自体を日々
強くして行く

最善の
物事と進

伸ばしきる

人の「思い」
絶対馬鹿に
しない。バカにしちゃ
ダメ

しなかった自分
だけは許さん

BASIC
IS
ALL I NEED

は気
別に
かる
事
だ
る

事
を
鍛
え
た

体
を
鍛
え
る

ヘンにカッコつけ
ないし、ヘンに
カッコわるくしない
照れなくていい

司周ろがいいから
与えるのだ。
奪うのではない

体
や

筋トレで何でも

いちいち全部に真実
を語らない！
自分の中に真実

ひがまない！

傷

上には上がいる。中には自分しかいない。

武田真治

死んだら
死ぬほど時間があるから
死んだ後のことは
死んでから考えろ。

はじめに

ありがたいことに「お若いですね」や「ストイックですよね」などと言っていただくことが多いのですが、本当に若い人には「若い」とは言わないですよね（笑）？

実際の僕の生活は、さほどストイックではなく、ただ適度な運動が習慣づいているだけです。

そうエクスキューズすると、そのわずかな努力が難しいと。わずかでも継続してきたことが素晴らしいとさらに言っていただいたりして……。

いやいやいやいや、違うんです！　ホントにホントにそんなカッコいいもんじゃないんです。ストイックなんてとんでもない!!

どうしよう、なにから話そう……。

みなさんに僕の人生やキャリアがどのように認識されているかわかりませんが、僕は学生時代からバリバリ運動してきた、いわゆる体育会系ではありません。授業が終わったらすぐに帰宅し、一人でサックスを練習するだけで、体型的にもヒョロっとしたただの痩せ型でした。その感じが中性的に見えたのか、雑誌のオーディションに優勝し17歳から芸能活動を始めることができ、幸運にも二十歳《はたち》そこそこで世間様に顔と名前を少し知ってもらえるような仕事をいくつかさせていただきましたが、過労からか20代半ばには顎関節症を患い、健康面でも仕事面でも低迷した時期を長く過ごしています。

そこで、そのときやっと、自分の生活やら性格やら、なにからなにまで見つめ直して自分を変えよう、根本的に自分を作り直そうと、体を鍛え始めるのですが……。

できない！

全っ然できない!!
10代の成長期に、まったく運動してこなかった奴が、大人になって急に運動しようとしたって、まぁ、できない!!!
ベンチプレスなんてまったく上がらないし、ジョギングしようにも、ちょっと走ったらすぐ息が上がる。

イヤになります。イヤになりました。イヤでした。

でも、心の声が言うんです。
遠くから……でも、はっきりと、
「今、ここで変わらなきゃ」って。

だから渋々トライするのですが、ちょっとやっては、すぐに賢者タイム(笑)。頭の中でやめる理由を探してる自分がいたり。

その筋トレ奮闘記は、前著『優雅な肉体が最高の復讐である。』にすでに記しておりますが、本書では、その、人生に一番迷っていた頃……20年ほど前に、弱い己を律し、僕自身を支えていた、僕自身から出た「言葉」をお伝えしたいと思います。

なぜ今か。

なんと、出てきたんです！
そのときのメモが、そのまま大量に!!
新型コロナに感染し（2021年正月早々！）、続けてインフルエンザにもかかってしまったことで（もはやミラクル）、20日間の隔離自宅療養になり、やることがないので部屋を整理していたら！

いろいろなことがありすぎて……それなのに誰にも相談できなくて……完全に自分の心を見失っちゃっていたときのメモ。自分が今、なにをどう思っているのか、吐き出すように画用紙に太字のサインペンで書いたものもあれば、滞在先の地方ホテルのメモ帳にボールペンで書きなぐったものもあります。

自分の中に浮かんできたさまざまな「言葉」を書き出しては、壁に貼り、忘れないように心に誓いながら生活し、運動して体調を整え、心も整理していきました。

部屋中の壁がこれらの文字でいっぱいになったこともあります。


この本の中には、正直なんだかよくわからないものもありますが、その頃の自分に向けた「言葉」や、人生を決断したときの「言葉」、僕に影響を与えてくれた「言葉」、僕を救ってくれた「言葉」――今思う僕という人間を作っている「言葉」や出来事を僕自身のためにも、今一度ここに並べてみました。

時代はさらに混沌としています。

泣き言や綺麗事に聞こえるものもあるかもしれませんが、なにか一つでも、みなさんの心に届いて、みなさんがこの大変な時代を生きるための「何か」となれば幸いと願い、恥ずかしながらここにまとめました。

お手に取ってくださり、ありがとうございます。

武田真治

CONTENTS

PART 1

これらのことを書かずにいられなかった

もう心を閉じ込めなくていい。

自分の気持ちを置き去りにしてなにかをしても
意味がない。
心が向くほうへ進む。

「もうダメだ」はこの世の嘘だ。

自分が望んだ順序やタイミングで、ことが進まなくても別に「ダメ」ではないんですよ。大概はまだ試してない別の手があるはず。出し切っていない力が残っているはず。

誰かのせいにはならない。
だからしない。

正直、邪魔な人っています。
人を騙したり、裏切ったり、貶めたりする人。
でも、その人のせいで自分の人生を
諦めたくないでしょう?
実際その人のせいだとしても、
諦められないことってあるでしょ?

もっと力を抜いていい。

顎関節症になったのは、一生懸命生きた証。
でもやっぱり、自分の顎が壊れるほど
食いしばるって、普通じゃなかった。

もっと安らぎながら進める。
水のように。

荒ぶる心で学び、身につけたことは、
カッコいいけれど、多くの人に共感しては
もらえない。
心静かに、波風立てずに得たことのほうが、
より多くの人に共感してもらえることはある。

ひがまない。オレが選んだ人生だ。
そうなりたければ必ずなる。
思いっきりあこがれる。

自分にないものを人が持っているとき、
「ひがむ」って感情を通らなくていい。
それがなんであれ、
気づいた今から、それを持ち合わせるよう
努力したらいいだけの話。
持ってる人を非難するなんてもってのほか。

上には上がいる。
でも中にはオレしかいない。
自分と向き合う。

競争すると疲れる。
共存しようとするなら、すべてが自分にとっても
エネルギーになる。
競争は他者を否定しなければならないけれど、
共存はまず自分を肯定しなければ始まらない。

「二度と〜しませんように」ではなく
「今度はもっと上手に〜できますように」
って思っていい。

なんでも、ちょっと失敗したくらいで、
全面的に撤退しなくていい。
ちょっと戻って、やり方をちょっと変えて、
またやればいい。

立ち止まると老けるぞ。

自分が立ち止まったって、時は流れていくわけで。
まだ少しでも時代の移り変わりを楽しめそうなら、
ちょっとずつでも歩いていこう。

昨日までのオレの悪かった部分は
千年前のオレと思え！
どうにもならないから忘れていい。
うん、忘れる。今日の自分を楽しめ！

僕は気持ちの切り替えが遅い。
引きずりすぎて、今やるべき目の前のことが
疎《おろそ》かになったりする。
いつまでも悔やまない。

マイナスの可能性を考え始める前に実行する。

実は僕は割とネガティブな可能性を考えがちだ。
プランBを考えることは悪いことじゃないが、プランAを早々に捨てすぎる。
王道を行ってみよう。

まず好きになることだ。すべて！

これは、なにかを始めるとき、
誰かと関わるときの絶対条件。
最低限のマナーで、最高の敬意だ。

人の「思い」を絶対バカにしない。バカにしちゃダメ。

どんな些細なことでも、
価値観なんか人それぞれ。
人と触れ合うとき、
相手の価値観を尊敬できないなら、
せめて傍観する。

鏡の中で小さくまとまらない。

人の中で自分を証明しなきゃ、
人生はなにも変わらない。

夜の空想家ではなく昼の実行家でいる。

時に酒の席で友人と夢を語らうのは、
いいことだと思っています。
気晴らしになるし、酒の勢いで口から出た自分の言葉に
次の目標を見出すことだってあるものです。
でもずっと夢を語っている人っていますよね？
同じバーで、同じ時間、同じ席について、
同じ話をずっとしてる人。
人に叶えてもらいたいのでしょうか？　自分の夢を。
夢は、自分が行動で叶えるもの。
おとぎ話のプリンセスだって、今どきは自分で行動します。

自分の敵は自分！　わざわざ他人の敵になるな!!　なるときにはなるんだから。

人生において勝ち続けなきゃならない敵は、自分の中の怠惰な気持ち。
人と衝突しがちな人は、他者に対して期待しすぎているのかも。
自分がやれば済むなら自分でする。
他人を非難しない。

論破して頷かせるなんて一番してはいけないことだ。

論破は手段としてとても幼いことだ。
たとえそれが正しいアドバイスだとしても、
人はそれぞれに自分のやり方で
失敗するところまでやらないと
納得できないものだからだ。

人を挑発しない、人の挑発に乗らない。

いつも誰かと揉めている人っていますよね。
揉めることがクリエイティブだと
思っているのでしょうか。
「人生は冒険だ」ってことを履き違えると、
当たり屋とかクレーマーになりかねない。
無駄な軋轢《あつれき》は避けるべきだ。

自分の中のドラマに酔わない！
人のドラマにもつき合わない。

なにかをやってるフリをしてもしょうがない。
目の前の出来事を
エモーショナルに捉えすぎない。

悪い人は誰もいない。

自分と合わない人はいる。

でも悪い人と決めつける必要はない。

「自分は、短い交流時間の中でその人の良いところは見つけられなかった」。

以上。

調子がいいから与えるのだ。奪うのではない。

for（～のため）と、get（得る）を合わせると
forgetで、「得るため」とはならず、
「忘れる」という意味になる。
なにかを得ようとするとき、
大切ななにかを忘れてしまいがちだと
暗示しているようです。
forと、give（与える）を合わせると、
forgiveで「慈悲」という意味になります。
楽しみを与えることは、
悲しみを取り除くことになるようです。

与えにいこう。

奪ったらいつか奪われる。
与えたら、いつか与えられる。
楽しみがある未来を選択しよう。

嘘をつくことは
自分にとっても相手にとっても
最も残酷な行為である。
嘘はつかない。ごまかさない。

嘘は本当に人をダメにする。
人間だけに与えられた特権なんかじゃない。
この地球上で、人間にだけ与えられた呪いだ。

できる約束を果たしていくことを今は学ぶ。

約束を破ることも嘘をつくことと同じになる。
共有したはずのイメージを一方的に破棄し、
誰かを傷つける。
イマジネーションを形にするのは素晴らしいこと。
自分の中に湧いたヴィジョンや、他者と交わした
約束を実行することは、自分を強くしてくれる。
せっかく自分に湧いたイマジネーションを
放っておくことも僕にとっては、
嘘をつくことと同じくらい罪だと思っている。

やり切ること、それ自体を日々強くしていく。

やるなら半端にしない。
呆れるほどに、まっとうする。

新しいことを始める。

それだけが過去を断ち切る手段だから、
新しくなっていい。
新しい自分を探しにいっていい。

洗面所の鏡なんかで
自分をなにか結論づけない。

朝、洗面所の鏡に映る自分が一日の中で
一番ボサッとしている。
一日の始まりに自分を過小評価してはいけない。

つじつま合わせをしながら前に進もうとしなくていい。

いろんな出来事が点々と起きて、その点と点を結ぶと線になってなんとなく方向性が見えて、その線と線で囲われた部分がその人の面で、テリトリーだとしたら、最初の点と点は離れていたほうが最後に広い面を作れるわけで、どうなるかわからないから人生は面白いわけです。

今の自分が計算できるレベルのつじつま合わせをしながら、人生を進めようとすると小さくまとまってしまうかも。

そのときその場でしたいようにしていい。

大まかにおおらかになる。思いきって恥をかく。

細かく自分を分析できることは悪いことではないが、
この世には言葉では説明できないような、
奇跡やファンタジーにあふれています。

恥をかくことで身につく「鈍感力」が
いつか大きな壁を打ち砕くこともあるでしょう。

BASIC IS ALL I NEED

回収できないほど、手広くやる必要はない。
自分を見失ったら、基本に戻る。

自分が「怖い」と思うとき、相手も「怖い」と思っている。

警戒することは悪いことではないけれど、
共存したいのであれば、
相手に恐怖を感じさせてはいけない。
この世に共存するということは、
毎度毎度相手をねじ伏せながら前進することではない。

もっと自分の核を知り、良い状態でそれを保つ。

自分がどうなりたいか、どうありたいか、
そのためになにができるのか、できるようになりたいのか、
いらないものはなんだと、自分の内側をよく知り、
それを体現するためのフィジカルを整える。
肉体の状態がいいと、
大きな夢や目標を掲げても腐らずにいられる。

ノイズ（人の強がり）の中でも
乱れることなく自分の核を保つ。
そう、ノイズの中で自分を試せ！
ノイズがあるから自分と向き合えるんだ。
自分の核に近づくんだ。光のほうへ。
ノイズを愛せ。
自分が向き合うべきノイズを選び、
身を置く。高いノイズに今は身を置く。
低いレベルのものからは逃げる力を試す。

……だいぶ混乱してるな（笑）。
自分に合わない集団意識からは距離を取り、
最終的には、現場を選ぶなってこと、かなぁ。

もっとテクノロジーを受け入れていい。

例えば今の時代、
ＳＮＳになんらかの窓口を持っていなきゃ、
その人は存在していないことになってしまいます。
コンピュータに限らず家電や自動車など、
それぞれの分野で技術は進化しています。
そしてそれらは驚くほど便利です。
「古き良き」って実際あると思いますが、
「古い物だけが良い」わけではありません。

ヘンにカッコつけないし、
ヘンにカッコわるくしない。
照れなくていい。

照れるからカッコつけてしまったり、ふざけてしまう。
本音でつき合いたい人には、
ありのままをさらけ出すべき。

見た目で騙されない。見た目で騙さない。
心！　心で触れる。

外見は内面の表れだ。
ただそれは、ある程度はだ。
だから外見だけで、
その人のすべてを判断するのはとても危険だ。
自分のルックスが人にどのように
映っているかなんてわからないけれど、
がっかりされないよう、せめて
誠実で、謙虚でいたい。

今後一切、「もうダメだ」と思う必要はない。

その都度「これからだ」と
言い換えてもいいくらい！
人生の可能性はそのくらい無限大なんだから。

最善の順序で物事（おのれ）を進める。

『スター・ウォーズ』はエピソード4から作られました。
本当はエピソード1から作りたかったのは当然でしょう。
でも、多くの人に受け入れられ、何はともあれ成功しなきゃいけない
と判断したとき、内容的に一番キャッチーな部分から作り、
注目とお金を集めたのです。
「やれること・やるべきこと」から始めた結果、
映画は世界的に大ヒットしエピソード9まで作られ完結しました。
一般的な順序にとらわれていたら、
こんにち誰もが知るような大作シリーズにはならなかったでしょう。
人生も同じかも。

他人のやり方で人の役に立とうなんて
ズルイし失敗する。
自分のやり方で人の役に立つ。
自分をわきまえる。
そもそも、人の役になんて
簡単に立てると思うな!!

要領悪く苦労したことこそ、
人に伝えるべき経験となる。
それが、乗り越えていくことの価値であり、意味だ。

忘れちゃいけない。
憶えておけって思い込みすぎていた。
忘れられるなら忘れていい。
残るものだけが残る。

知識は経験を積んで初めて知恵になる。
知恵になったものは忘れることはないし、
人に奪われるものでもない。
もっと頭を空っぽにしていい。
自分に必要なものは残るから。

オレは自分自身の傷《いた》みを
乗り越えていくんだ。
そして人に見せるんだ。

それが僕が選んだ人生だからだ。

傷つくときには堂々と!!

負った傷は、挑戦と経験の証。
恥じることはない。

自分の傷みを癒やせ。

傷は手当てしないと。

自分の傷みを癒やせない奴に
人の傷みは癒やせない。

傷を負ったことのない人に
人を癒やすことなんてできないけれど、
傷つきっぱなしの人に人を癒やすこともできない。

逆転一発とか、なくていい。ペースを守って。

人生において、奇跡の大逆転なるものを信じすぎるのは危険だ。

むしろそんなものはないという前提でコツコツと積み重ねていった先に、人生が好転することがあるだけだ。

「そーいうもん」でも
「こーいうもん」でもない。

世の中すべての物事は常に流動的だ。
人によって捉え方も違う。
なにかを自分の小さな物差しで計って
結論づけ安心したがるのは、やめるべきです。

「横並び」で自分を見失わないのも実力だ！

他の人がどうとか、
この年齢の一般的な平均はこうだとか、関係ない。
決定的な個人の特性になるものは、
大概の場合「例外」なんだから。

人の弱い部分に触れたとき、
自分も弱いふりをする必要はまったくない！
ただ見つめてやればいい。

よくある「いやぁ、調子悪いなぁ」
「オレもぉ〜」って、なんの会話だ。

楽しめることをどんどんやる。

楽しいってだけでは成長しないけれど、
楽しいって気持ちが完全に消えた状態も
人を成長させない。
楽しいことを見つけたら、
「楽しめる範囲」を伸ばしていく。
昭和の根性論みたいに自分を追い込むのをやめる。

勝ち負けの価値は自分の中にある。

価値観の違う人の勝利宣言に
惑わされないことは大事。
興味のないシーンのランキングに
心を掻き乱される必要はありません。
我が道を進むだけでいいんです。

他人《ひと》にそれを認めさせようとしない！

認める認めないは、受け取る側が決めること。

しなかった自分だけは許さない。

一歩踏み出せば、
初めてのことに失敗するのは当たり前。
その失敗は反省し修正していけばいい。
しかし、その最初の一歩を踏み出さなかった場合、
反省のしようもないし、
もちろん成長にもならない。
この選択だけはしてはいけない。

いちいち全部の真実を語らない！
自分の中に真実があればいい！

素直に正直に人に接することと、
真実をぶちまけすぎることは別。
あえて言葉にしないことがあっても、
嘘をついていることにはならない。
他愛もない会話（スモールトーク）を
身につけることも大事。

他人や自分の存在を消して
その場が和になるのは本当の和ではない。

遊びでも仕事でも、自分を押し殺していたり、
誰かの顔が曇っているのに
「あ〜、楽しかった」とはならないでしょ。
その場にいる年長者が絶対すべきことは、
本音を言いやすい雰囲気作りだ。

思いやって遠慮しない。
思いやれば遠慮はいらない。

忖度は人を成長させない。
言葉は選んでも遠慮はしない関係が本物だ。

オレがオレの魔法（生き方）にかかる。

自分の思考の最初の実践者は
自分でなくてはならない。

今、できないのは
今までに成長させたことがないだけ。
気づいたら安心してやっていく！

何事も気づいたところが、
自分のスタート地点。
人より早いとか遅いとか、どうでもいい。
何歳からだって楽器を始めたらいいし、
筋トレだってしたらいい。

空想に逃げない！

イマジネーションを膨らませるのはいいこと。
でも、実行する気のないヴィジョンを
ずっと燻《くゆ》らせ続けるのは、時間の無駄遣いだ。

外ヅラよくすることなんか
もう考えなくていい。

自分に変化を求めるなら、
芯から変わらなきゃ意味がない。
外ヅラは後からついてくる。

自信にあふれている奴の前に
道は拓かれる。

徹底的に準備をしてきた自分を信じ立ち上がるとき、
人は自分にとってポジティブなものを
どんどん引き寄せます。
本当です。

本当によく見て、本当によく聞いて、
本当によく嗅いで、本当によく味わって、
本当によく感じて、本当によく考えて、
本当によく信じて、本当によく行動する。
本当によく受け入れて、本当によく表現する。
フリをするんじゃなくてね。

SNSの情報は、自分の経験にはなり得ません。
自分を作るのは、常に実体験です。

自分に引いちゃ負けだ。

自分に見えるヴィジョンが、自分にとって
大きすぎたり、今の時代と合っていなくても、
信じることをやめてはいけない。
ひらめきは神様からのプレゼントで、
それを頭・体・時間を使って
具現化していくのが人生だから。

今、いる人、目に見える人に評価されなくてもいい。

「100年後評価されれば……」とか、
そんな話ではなくて、トレンドなんて
すぐに変わる。

正しいと思う努力をしていれば、
必ず評価されるときがきます。

僕が筋トレを始めたとき、
さんざんバカにされましたよ（笑）。

時間をかけ、大切に積み上げてきたものは、
この人生で回収されなくてはならない。

今、太陽に対してどんな自分でいるかだ。

どこの国、どこの地域でも通用するような、
価値基準で生きてみる。

ちゃんと強さを学ぶ。

今は、一人の「人間としての強さ」とはなにかを考え、伸ばす。

他者と比べない。

オレに与える。オレからも奪わない。

子どもは与えられて、
大人は我慢するなんて、
大間違いだ。

大人なら、ちゃんと自分に与える。

つつましやかな生活を送る。

自分の生活から「まやかし」を排除する。
自分にとって自分が丸見えの状態を
ちゃんと作る。

逆ギレしない。怖いものは怖い。

現状のちっぽけな自分を認めることは、
誰だって怖い。しかしそれを受け入れずにいたら、
必要な真のアドバイスを見落としてしまいます。
それは自らの成長のチャンスを潰すことになる。
自分の成長を信じるなら、
一度なんでもかんでも受け入れてみる。

正義を口で語るな！

大きな正義を語る人には、
だいたい後ろめたいことがある。

筋トレでなんでも乗り越えられる。

筋トレは精神を鍛えてくれる。
達成したい物事にかけるべき時間も教えてくれる。
諦めない自分を肯定してくれる。
筋トレは生きるうえで、絶対条件だ。

見せかけの筋肉なんてない！
自信をもって鍛えていい！
筋肉は実力だ。

鍛えたことのない人は、
ジムで鍛えている人の身体《からだ》を指して
「どうせ見せかけの筋肉でしょ？」などと揶揄する。
言われたほうも面倒だから
「そうですね」などと答えるが、筋肉は実際に
負荷がかからないと大きくはならない。
苦しみに耐え続けなければ維持もできない。
そう、「見せかけ」なんてことは決してないのだ。

自分の真実が人にプレッシャーを与えて
人の安らぎを奪うことがある。
奪うのは愛じゃない。

素敵なことなら、人は勝手についてきます。
強要したり、余計なことを話す必要はない。

やり始めたら楽しい！
だってもうただやるだけだもん！
ウォーキングからジョギングへ移るとき！
さっさと！

何事も一番重いのは、最初の一歩。
その一歩さえ踏み出してしまえば、
人の思考なんて「途中だけれど投げ出そう」ではなく、
「さっさと終わらせよう」となるものだ。
なんでも始めてみるものだ。

さじ加減は「楽しい」まで！

筋トレやジョギングのちょうどいい値って、
どのくらいなんだろうと考えたら、
答えはこれしかないのかなと。

自分を甘やかすとき、だらしない自分を受け入れるとき、気づくこともある。

このメモを書いた日、ご飯を食べた後、普段なら行くジムに行かずに帰ってきたときにその頃違和感があった腰の歪みがちょっと治り、楽になった。

トレーニングには、やりすぎ注意の意識も必要なんだと気づかされました。

なにがなんでも健康でいる。
健康のためになることだけをする。
健康であることに誰の断りもいらない。
健康であろうとするとき、人に迷惑なんてかからないから、思いっきりやっちゃう。

健康は権利なんだ!　って、
今の時代なら当然ですよね。

身体を鍛えることと鍛えた気になることは別だ。

息が上がるような運動をわずかばかりして、
筋トレをした気になっていては、
いつまで経っても成果は出ないものです。
むしろ呼吸を乱さないようにする運動のほうが、
効果は現れやすかったりします。

自分の欲望を度胸だめしで勝ち進むのが人生だ。

そうだ、これが人生だ。
自分の欲望が、人様に言えないようなものばかりなら、
自分という人間がそこまでなんだ。
自分の願いは、自分が責任を持って叶える。

欲しいものは手に入れる。
「欲しい」は立派な、最大の動機だ。

豊かになることは罪ではない。

苦労話は自分でしない。
感じるまま、正直に生きた後、
人によって語られるものだから。

考えてみたら、ブッダもジーザスも
自分で教典を書き残していない。
なのに、何千年経っても人を魅了し続けている。
本当に素晴らしく、語り継がれるべき出来事や言葉は、
人が誰かに伝えてくれます。
じゃあ、今、この本をまとめている僕はなんだ？（笑）。
こんな僕なんかは、せめてポジティブなことを
語るためだけに、この口を開こう。

まだまだ遠回りしていいんだ。すべての道がオレに通じているわけではない。オレもなにかに通じている。なにをどれだけやってもなにかに通じている。だから初めに通じることなんか考えなくていい。思いきりやったって全体の一部にすぎない。

二十歳そこそこで芸能界でちやほやされ、人が求めるキャラクターを演じ続け、案の定自分を見失った経験を持つ者として言えるのは、若くして有名になることなんて、大した意味のあることではなかったということ。あのとき、無駄だ遠回りだと思っていたことのほうに、人間としての自己を作るために必要な経験が埋もれていました。人間として必要な経験をした者は、規模にかかわらず人に求められます。だから人間としての経験をたくさんたくさんしていきたい。

情熱が燃え尽きるまで戯れる。

「もう歳だから」なんて理由でなにも諦めたくない。
「友達もやめるから」なんて理由で、
やってきたことをやめるべきではない。
自分の内側に情熱の炎があるなら、それが燃え尽きるまで
何度でも繰り返していいのでは？
戯れるというのは、自分の情熱を信じて、
まわりの評価や結果に左右されずに、思いきりやってみるということ。
その先に初めて見える世界もきっとあるはず。
楽しいと思うことを追う気持ちだけはなくしたくない。

この魂のすべてをこの人生で使い切る。

繰り越したところで、
来世があるとは限らないんだし、
あったとしても現世の呪縛で
生きたくはないでしょ?

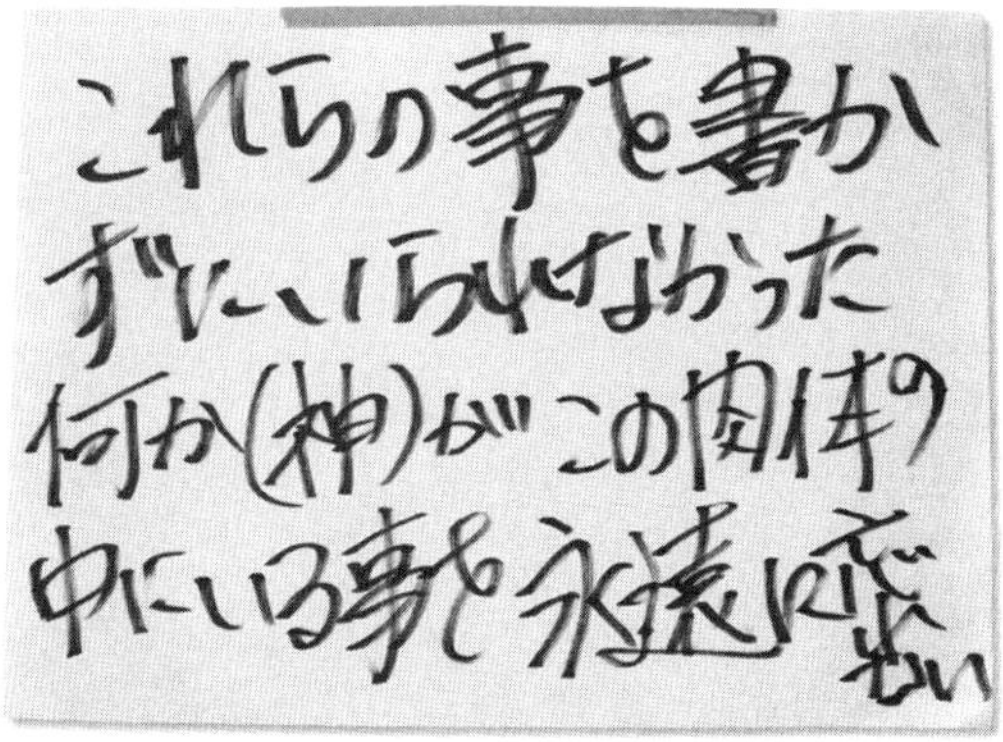
これらの事を書かずにいられなかった何か(神)がこの肉体の中にいる事を永遠に忘れない

PART 2

自分の中に見つけた「自分」

SECTION 1

ちょっとやってみる

社会の歯車になる。

10代の頃、僕ももれなく社会の歯車にはなりたくないなどと思っていました。社会に歯車として組み込まれるのは、カッコ悪いと思っていたんです。今は180度違う考えです。

どんなに偏った趣味や嗜好でも、突き抜ければどこかの誰かに必要とされるもの。自分の得意なことを活かして社会と繋がる。

噛み合う。そして、社会を動かす一翼を担うこと。法に則って、人と関わり、ちゃんと社会の一部にならないと、本当の意味でカッコいいにはならないと思っている。

社会の歯車になるのは、最高にカッコいい。

人がやってるから、自分もやってみる。

「やりたいことが見つからない」と悩む人は少なくないでしょう。

僕の場合、芸能界デビューしてしばらく経った20代半ばに「本当にやりたいことはなんなのか？」を考えすぎて、『めちゃイケ（めちゃ×2イケてるッ！）』を除くテレビ業界から一度はほとんど消えた経験があります。

一度消えそうになった経験で僕は、誰にでも代わりはいることを知りました。「絶対にその人でなければダメだ！」と世間から認められる人はかなり少数。代わりなんかいくらでもいるとわかったうえで、運よく自分がその役割をやらせてもらっていると思ったほうがいい。

それは、決してカッコ悪いことではありません。

他の人ができることを背負うのを嫌がり、「僕には、自分にしかできないなにかがきっとあるはずだ」と強がりなにもしないでいるのは、「人と比べられるかもしれない」ことを怖れてリングに上がらない負け犬です。

自分が好きなことを「人がやってるから自分もやってみる」って、仕事を選ぶ立派な動機なのです。

時間とお金をかけたものこそが……。

「好きなことがわからない」という人は「灯台下《もと》暗し」状態の場合が多いのでは。人は自然と好きなことに時間とお金をかけているものです。

もしあなたが年中ゲームばかりやっているとしたら、それを仕事にする努力をしてみては？　ゲームそのものを開発するのは無理だとしても、関連する事業に携わることができればきっと充実した日々を過ごせるでしょう。キャラクターグッズを作ったり、音楽を作ったり、イベントを企画したり……。

もちろんそれらも簡単ではないと思いますが、どんなに時代が進んでも、「仕事が生活の大きな部分を占める」ことは変わらないでしょう。だから、時間とお金をかけてきたことを仕事にできたら、もっともシンプルで最高の幸せを手に入れられると思います。

カッコ悪いが、カッコいいに変わる。

テレビで俳優さんがタンクトップと短パンで筋トレしていたら普通はなにかの罰ゲームにしか見えないでしょう。

２０１８年に始まったＮＨＫ『みんなで筋肉体操』の画面から発するなんともコミカルな雰囲気は、誰が観ても笑っちゃうものです。

でも「面白いけれど、よく見たらすごい！」「やってみたら全然できない」と、本質的なところでバカにできないものであれば、評価は変わります。

カッコつけた「カッコいい」は、時代とともにカッコ悪くなったりもしますが、そもそもカッコつけていないものは、カッコ悪くなりようがないのです。

苦しまぎれの策から、個性は生まれる。

何事も続けていれば行き詰まることがあります。予定通り進まないことや体調が優れないこともあるでしょう。

精一杯準備しても万全ではないことなんて残念ながらよくあることです。そういうとき、その状況をなんとかやり過ごそうと「自分にとって正当ではない手段」を繰り出すことを恥じる必要はありません。そんな「苦しまぎれの策」こそが、あなたにしかない個性だったりするからです。

ネガティブなこと自体は人を育てない。ネガティブなことをどう昇華させるかが、その人を形成する。

人生には都合よくポジティブなことばかりが起こるわけではありません。
ネガティブなこともいっぱい起きます。
でも、ネガティブなことは、自分が成長するチャンスでもあります。
ネガティブなこと自体は、そのままでは人を育ててはくれません。
放っておけばその人やその人生をどんどん蝕《むしば》んでいきます。
それとどう向き合い、どう克服するかが、その人の揺るぎない人間性を形成するはず。
ピンチはチャンスとはよく言ったものです。

不謹慎さも持ち合わせる。

僕は、ネガティブな出来事にいちいち打ちのめされてしまわないように、どんな状況でもまずは楽しもうと、ある種の不謹慎さを心の隅に持ち合わせるようにしています。

真に受けてしまうより、一旦ジョークとしてやり過ごしたほうが、心が疲弊しないで済みますから。おすすめです。

成長の正しい順序なんてない。

本来、人が成功するまでに経験するべき苦労を、僕は20代前半に小さな成功を得た後にしました。言葉使いも、態度も、自分の有り様にも向き合うことなく芸能界を進んできて、体調を崩して思うように仕事ができなくなって、顔も名前も知ってもらった20代後半に、ようやく僕は下積みを経験したのです。

再度、たとえに出しますが、その頃僕の心の支えは、映画『スター・ウォーズ』でした。

『スター・ウォーズ』はエピソード1から順番に制作・公開されていません。ジョージ・ルーカスは、膨大な構想のどの場面が多くの人の共感を得るかを客観的に判断して、4↓5↓6、1↓2↓3、7↓8↓9の順で、リリースしていきました。

人生も似たようなものかもしれません。成長の順序なんて、人それぞれ。誰かにとって容易《たやす》いことでも、他の誰かにとっては難しかったりすることなんてたくさんあります。

だからなにか理解不能なことに出会い、もがき苦しむようなことがあっても、「今は意味がわからないけれど、これは後のエピソードでは大事なことかもしれないぞ」とか、「納得いかないけれど、この悔しさは一般的にはもっと若いうちにみんな経験しているべきエピソードなのかも」などと考えると、下積みも辛くなくなりました。

いずれにせよ、すべてのエピソードが揃わないとコンプリートしないのが人生なら、無駄な経験なんてないってことです。

以前は、順序よく人生経験を積んできたようなスマートな人に憧れたりしましたが、大人になるとそのエピソードの順序がチグハグな人のほうがちょっぴり魅力的に感じられたりするから不思議です。

ベストを望んで
ベターをチョイスする。

お寿司が食べたいときに、美味しいお寿司屋さんがないから今日はなにも食べないと決めることは気高い感じがしますが、何日も続くと身体を壊します。

そういうときはなんでもいいから食べられるものを食っとけって話です。

食べ物に限ったことではなく、仕事などもそう。

決定的なベストな物事が目の前に現れたら即、飛びつけばいいけれど、そんなことはそうそう起きない。

ベストを望んでベターをチョイスするというのが、今日を生きる人の当然の権利、夢へ向かって歩んでいる人の必然の選択、日々の正しい過ごし方なんだと思います。

他人の人生のエキストラにならない。

例えば、まったく料理をした経験のないグルメ気取りは、匿名でネットに書き込む最強に辛辣なグルメリポーターになれるでしょう。シェフの苦労はもちろん、誰の立場も考える必要はなく、無知という無限の基準で言いたい放題言えるから。

一度も楽器に触れたことのない人や、人前で唄ったことのない人の音楽批評や、人を楽しませたいと思ったことのない人のお笑い賞レース批判も然《しか》り。

もちろん、その道のプロじゃない人たちにも、物言う権利はあります。だから言っていいんです。でも、せめて言葉を最大限に選ぶ必要はあると思っています。

新しい世界に一歩でも踏み込んだら、誰だってみんな初心者。その世界の一番底辺からのスタートです。それが嫌で、新たな世界へ踏み出さなければ、いつまでも上から目線でものを見ていられます。

世間知らずで残酷な物言いをする人、ネットに誹謗中傷を平気で書き込める人って、この卑怯な安全地帯にいる人なんでしょうね。

はっきり言います。それは、誰かの人生のエキストラになっている状態です。匿名でネガティブな感情を吐き出し続けても、あなたの人生は好転しません。人の粗探しをしていても料理が上手くなるわけでもなければ、優れた音楽家になれるわけでも、大勢の人を楽しませる面白い人間になれるわけでもないんです。

なんでもいい、自分がなにかのプロになろうと正当な努力をすると、他ジャンルの人の苦労も見えてきて、他者への尊敬の気持ちが自然と持てるようになり、いろいろなことが味わい深くなります。

誰かの人生のエキストラになりたくなければ、まずは自分が発する言葉を今一度見つめ直してみる必要があります。

いつかきっと日の目を見る。

もしあなたに、大好きで人知れず続けていることがあるなら、僕はあえて言いたい。

「それは、いつか日の目を見るよ」って。

僕は『めちゃイケ』というバラエティ番組に関わっていたにもかかわらず、バッターボックスには年に何回くらい立てていただろう。毎週どちらかというと、ベンチに近い立ち位置。たまにバッターボックスに立たせてもらったときには、ありがたいことにヒットやホームランが打てるように共演者や編集に助けてもらっていたんだと思います。

少し前にイチローさんの動画を観ていたら、

「努力は報われますか？」という質問に「報われるとは限らない」とはっきり答えていました。

そりゃ、メジャーリーグで10年連続200本安打を打っている人からしたら、努力が必ずしも叶うとは限らないと言うべきでしょう。願いのレベルが高すぎるのです。

なにを目標に設定するかによると思うけれど、僕レベルでは、「願いは叶う」と言いたい。「報われない努力はない」と言いたいんです。

体調を崩し、「強靭な肉体が欲しい」と思って努力した結果、かつての痩せ細った中性的なフェミ男《お》が、いまやベンチプレスで〝TEPPEN〟を取れていたりするんです。遅咲きのセカンドブレイクの機会を得たりするんです。

願うところから始めましょう。そうしてコツコツと積み重ねた努力は、いつか必ず日の目を見るべきなんです。

要領がいいと思える人は、人よりちゃんと努力しているだけ。

僕自身の30代で、無駄骨だ、空回りだと思っていたことも、その後の人生できちんと回収されていたりします。

もっと要領よくできなかったのかとも思うけれど、要領がいいように見える人というのは、実はそれ以前に人よりもちゃんと努力していて、その努力した経験がちょっとした「時短」を生んでいるくらいで、要領というものは本来ないのかもしれないと今は思っています。

結局、どんな面倒なことも真正面から受け止め、自分でやっていくしかないんです。

特性は個性になるが、個性は特性にはならない。

僕は「みんな、もっと偏《かたよ》れ！」と言いたい。

なぜなら僕の場合、サックスと筋トレが好きだと偏り続けた結果が今なのです。サックスや筋トレは、僕なんかのレベルでも習得するのに数年単位の時間を要します。今日思い立った人が、明日にでもなれる「キャラ」ではありません。そういった特性は市場の規模にかかわらず、個性となり得るのかなと思います。

逆に、特性を伴わない個性は、すぐにでも真似され、誰かに取って代わられます。

個性的でいたいなら、まず自分の特性を伸ばすべきではないでしょうか。

新しい発見は、目一杯偏った結果から生まれる。

傍《はた》からしたら、僕はバランスが取れているように見えるかもしれないけれど、これは精一杯偏った僕なりの結果。まだまだ未熟な僕の通過点。もっともっと好きなことを追求していきたいと思っています。

もちろん協調性やバランスも大切ですが、実社会では意外と偏った人＝スペシャリストが重宝されてはいませんか？

新しい発見や感動なんて、多分ただバランスがいいだけの人からは生まれないんじゃないかな。

ノーベル賞を取る研究者だって、オリンピックで活躍するアスリートだって、人生を懸けて究極に偏った結果ですもんね。

一流の絶対条件。

キング・カズ（三浦知良さん）が50代になっても現役で頑張っているのは、「日本代表になってW杯で戦いたい」という夢を諦めていないからだと勝手に思っています。

1998年のサッカーフランスW杯では、日本のW杯出場にあれだけ貢献したのに、直前になって日本代表からはずれ、W杯の経験を逃しています。

あのときもし代表に選ばれてW杯のピッチに立っていたら、もしかしたらすでに引退してサッカーとは関係のない仕事で活躍されていたかもしれない。それがなんであれ、おそらく成功していたでしょうが、彼はそうしなかった。現役のサッカー選手でいることを今も選択し続けています。

今後その夢が叶うか叶わないかで判断せず、叶うとしたら準備ができていなければありえないと判断しているのではないでしょうか。先の見えない状況で、肉体的にも精神的にも夢への準備をし続けられるのは、一流の絶対的な条件なのでしょう。

考え方が金メダル。

東京2020オリンピック。なにに驚いたって、それはもう、女子ソフトボール日本代表チームのエースとして、上野由岐子投手がまだ投げていたことです。
失礼ながら、彼女のソフトボールの物語は、2008年の北京オリンピックの準決勝、決勝進出決定戦、決勝戦という2日間3試合413球を投げ抜き、見事金メダルを獲得して完結したものだとばかり思っていました。北京オリンピック以降、ソフトボールは公式競技からはずされることも踏まえ、有終の美を飾り、伝説になったんだと。

しかし、公式種目として久々に復活した今回も、決勝戦で金メダルが決まった瞬間、マウンドに立っていたのは上野投手でした。

「13年越しの連覇！」

いやいやいや、そんな言葉あります？　連覇って、翌年か翌大会に使う言葉でしょ。いろいろぶっ飛びすぎていて、頭がついていけなくて涙しか出ませんでした。

調べたら、2019年の国内のリーグ戦でピッチャーライナーを左顎に受け、下顎骨骨折で全治3カ月の大怪我をしています。普通なら競技をやめる理由にしかならないような出来事ですが、上野投手の見解は「北京で金を獲ってから、惰性でやっていたのを神様が怒った」「東京2020に向けてスイッチが入った」と。

もう、考え方が金メダル。

自分に起きるどんなことも、前に進む原動力に変えられる心のフィルターこそ、上野投手の強みなのではないでしょうか。

直後のインタビューでは「諦めなければ夢は叶う」と、シンプルで力強いメッセージ……。

僕らは何度、あの方から大切なことを学ぶのでしょう。

よく13年間、オリンピックという大きな目標もないまま、同じ夢を自分の夢として掲げ続け、追い続けられたなと、ただただ敬服します。

「これからソフトボール競技はなくなりますが、諦めることなくしっかり前に進んでいけたらいいなと思います」って……続けるんですね!!

その言葉に、得《え》も言われぬ力が湧いてきます。

人生が続く限り挑戦する。こういう人間でありたいと思います。

凡人ってなに？

「自分にはなんの才能もない」って、一体誰が決めたの？

決めつけているのは自分かも。

才能なんてなんにもないほうが、人生の冒険に踏み出さなくてよくて、安心できるからでしょうか。

本当にそれでいいですか？

僕が人よりベンチプレスを多くの回数持ち上げられるなんてことを知ったのは、45歳のときでした。

それから、ありがたいことに再ブレイクと呼ばれる華やかな時間を過ごしています。

眠っている才能とか気づいていない特性って、本当にあるものですよ。

「君が凡人って誰が決めた？　君が試していないだけでは？」とこっそり耳打ちしたくなります。

凡人という人間はいない。
みんなが特別な一人なんですから。

たとえ変身をしなくても、誰でもヒーローになれる。

子どもの頃にテレビで観ていた変身ヒーローたちは、みんな人助けをしていました。ここぞという場面でカッコよく現れて、悪を倒す。

大人になって思うのは、目の前で危機的な状況が繰り広げられたり、犯罪行為に出くわすことなんて、ほとんどないってこと。

どうやったらヒーローになれるか、人の役に立てるかを考えるけれど、答えなんて簡単に出ません。

でもヒーローになるのを諦めるのではなく、やれることをコツコツとやる。日々仕事をする。そして、きちんと納税する。そのお金が誰かの役に立っていると信じて。信じられないときは、ちゃんと政治に向き合う。

子どもの頃の想像よりはるかに地味だけれど、きっとこれもヒーローなんだと思うのです。

無駄なことにしか感動はない。

よくよく考えたら、人間は100メートルを10秒を切って走る必要性はないし、氷上を特殊な靴でクルクル回る必要なんかありません。

エベレストに無酸素で登ったり、南極圏を犬ぞりで探検したりする必要もない。

でも、その姿を目の当たりにすると、僕らは心の底から感動します。

他人から見たら無駄だと思えることでも突き詰めると、感動が生まれます。

もしかしたら、無駄なことにしか感動はないのかもしれません。

いや、人を感動させられたら、もうそれは無駄ではないですよね。

他人が「なにそれ、無駄！」と思うくらい自らの特性を突き詰めることが、自分が自分自身の人生の主人公になる一つの道なのかも。

思う限りの無駄を突き詰めてみたいものです。

人と人の間に存在して「人間」だ。

「人」と言えば済むのに、同じ意味で使われる「人間」という言葉があります。

この「間」という字を入れるのはなんでなのか。ずっと気になっていました。

最近辿り着いた僕なりの結論は、

「人と人の間に存在して、どうあるかが人間の価値なんだ」ということ。

人と関わらなければ、いくらでも嘘はつけますから。

「僕はチャーリー・パーカー並みにサックスが上手に吹ける。超絶イケメンで、身長は185センチだ」とだって言えるけれど、人と人の間で比べられたら、そんな嘘は通りません。


「自分らしい生き方ができたら」と誰もが望みますが、この「自分らしさ」を見つけるのが、本当に難しいもの。

結局、自分の個性や特性は、他人との違いや比較でしかないからなんでしょうね。

「自分らしさ」の答えが見つからずに悩んでいる人がいるなら、引きこもって孤独に考え込むより、思い切って外に出て、いろいろな人と交わっていくことをおすすめします。

「人を知ることで見えてくる自分」って、実際いるものですよ。

誰もが無観客の中で生きている。

コロナ禍で、音楽でもスポーツでも、無観客での開催が増えました。

無観客だと、ミュージシャンもスポーツ選手も、張り合いがないのはわかりきったこと。

僕なんかのサックスでも、ライブで応援してくれる人がいると自然にパワーが出るものです。

でも、そもそも人生なんてほとんどは無観客なんですよね。

努力の過程を誰にも見られてないし、応援されることも褒められることもなかなかないものでは？

コロナ禍になって気づいて恥ずかしい限りです。

だから、僕なんかがこの新型コロナの現状を嘆いてはいけないなと。僕のような仕事をしている人間こそが今、みなさんを応援すべきだと。

ともに頑張りましょうね！

Q

仕事はお金を稼ぐ手段だと割り切っていますが、いまの仕事に不満があります。転職したらお給料が少なくなりそうなので、我慢して働いています。

ベンチプレスは92.5キログラムまできて、それから停滞期です。仕事とトレーニングのモチベーションを保つ方法を教えてください。

51歳男性（会社員）

A

反社会的な仕事ではなく、きちんと税金を納めているのなら、好き嫌いは別として、どんな仕事も社会から求められている素晴らしいものだと思います。それが誇りに思えるかどうかは、自分に対してちゃんとご褒美を与えているかどうかの差ではないでしょうか。

お金のために働いているなら、「このために頑張ってきたんだ！」と思えるものに、ちゃんとお金を使うのはどうでしょう。好きじゃない仕事でも、自分の好きなことにお金を使えていたら、その仕事に誇りが持てるようになります。納得できないお金の使い方をしていたら、仕事にも納得がいかないと感じるものです。

トレーニングに関しては逆に質問です。停滞期に入ることは悪いことなんでしょうか。僕は20年間同じメニューしかしていませんよ。まったく運動しなければ人間の肉体なんて普通は衰えていくものです。現状維持万歳です！　停滞していると捉えずに「安定している」と捉えるのはどうでしょう。

Q

母親や妻など、この先も長くつき合っていく方との価値観のズレを感じたら、武田さんはどうしますか？

24歳女性（ライター）

A

年代、性別、環境が違っていたら、それぞれ価値観やルールが違うのは当たり前。でも、ズレているからといって、なんなのでしょう。すり合わせる作業には限界があります。利害関係がないなら、ズレをズレのまま受け入れることが一番平和な解決法ではないでしょうか。

もしくは自分の価値観を物質的に証明する。端的に言うと、あなたはあなたの価値観でガッツリ稼いでみせる。自分の価値観が時代に合い、お金を作れることを証明したら、相手は態度を軟化させるでしょうね。たとえ相手が年上でも。

それができず価値観をどちらかに合わせなきゃいけないなら、残念ながら、おそらく、より上の世代の主張に合わせるしかないでしょう。長く生きている人のほうが価値観は変えにくいものだし、自分が正しいと思い込んでいますから。

それが、どうしても苦しいのであれば、距離を取るしかないかもしれません。

Q

私の切実な悩みは、異性の方と友人関係まではいくものの、彼氏に繋がらないことです。過去につき合いたいと思った方から、「友人としては気楽に話せるけど、異性としては見られない」と言われて、服装やお化粧など見た目にも自分なりに努力しましたが、無理をしていると気づき、長続きしませんでした。

彼氏や旦那は欲しいけど、無理して頑張りたくはありません。でも、一生独身、孤独を貫きそうで怖くてたまらないです。

46歳女性（航空関係）

A

芸能人・武田としては、そういう方々のために僕がいるのだから、僕のお芝居を見て、僕の音楽を聴き続けてくれと言わなくちゃいけないんだろうけれど……。

僕自身、孤独を抱えている時期が長くありましたが、あるときに孤独の原因が自分の根拠のないプライドの高さにあると気づかされることがいくつかあって、その状況から抜け出せました。

あなたの詳しい状況はわかりませんが、あなたもひょっとしたらプライドが高いタイプなのかもしれませんよ。

もしも孤独であることが一番の問題なら、そのプライドを捨てて、誰かともっと気軽につき合ってみることをおすすめします。

シェアハウスなどで共同生活をするのもよいかもしれません。

気の合う仲間たちと楽しい時間を目一杯過ごして、疲れてバタンキュー。そんな充実した生活を送っていたら、きっと孤独を感じる間もありませんから。

でも、今はまだコロナ禍で、それも難しいですよね。本当に大変な時代ですが、逆に考えると同じように孤独を感じている人も多いはずなので、いつか出会いは必ずあると思いますよ！

Q

学校が嫌いです。好きになるにはどうしたらいいでしょうか。

17歳女性（高校生）

A

学校なんて後から好きになるものですよ。

もしくは、違反の練習をするところだと僕は思っています。校則違反の大半は法律違反じゃない。ここまでならバレない、もしくはバレても意外と怒られない。ここから先は罰せられるとか、上手に違反の練習をしながら、好きでいられる自分を見つけるために、学校に行ってみたらどうでしょう。茶髪が好きなら茶髪にしてみたらいいし、カラコンを入れたかったら入れてみたらいい。そんな小さな反抗を好きになってくれる友人なんかもできて、今より少しでも自分を好きになれたら、学校だって少しは好きな場所になるんじゃないかな。

多少怒られたほうが、いつかいい思い出にもなりますよ。

SECTION 2

臆病を抱えて

若いうちに。

ジュノン・スーパーボーイ・コンテストでグランプリをいただき、高校3年生になる春、地元札幌の進学校から都立の定時制の夜間学校に転入しました。両親はあと1年札幌で過ごし、大学進学という形で上京することを勧めてくれましたが、僕はその1年間、大学に行くための受験勉強をするより、自分の若い体になにを課し、なにを覚えさせるかを考え、やりたいことをやるなら少しでも早いほうがいいと判断して、単身上京を決めました。

当時は空前のバンドブームで、個性的なバンドがたくさん原宿のホコ天で演奏していたのを見て本当に憧れていました。音楽で自由に自己表現してみたかったんでしょうね。

人生には紆余曲折・浮き沈みがあることを覚悟できるなら、自分の核にしたいものには、若いうちに一度は熱中してみることをおすすめします。

そして、人生で一番若いのは、今日、今です！


あなたはなにをしますか？

自問自答しすぎない。

音楽を志して始めた芸能活動でしたが出会いに恵まれ、俳優業やバラエティ番組にも進出することができました。主にこの3つの異なるフィールドを30年間挑戦し続けてグルグルまわっていると、先にも書きましたが、点と点が繋がって、いつしか「線」になって、さらに線と線が繋がっていって「面」になり、自分の「顔（ツラ）」ができるんだと思いました。サックス、お芝居、ミュージカル、バラエティ、筋肉体操、全部あって僕なんです。

だから、なにか始めるときに「自分とは何者か」とか「進むべき方向性は」など自問自答しすぎないほうが精神的に健康でいられるのかなと思います。自分をブランディングしてからなにかを始めるのではなく、歩んだ道を人がブランドと呼ぶのですから。あいつ、なにやりたいんだって言われるぐらいに、なんでもチャレンジすればいいと思います。

必要なのは個性より特性。

個性的であることばかりにこだわっても、現場で使えないと意味がありません。それはどんなジャンルの社会でも、絶対必要なのは、個性より特性だからです。不器用でも実直に生きてきた人には、コツコツと積み重ねてきた特性が評価される日が必ず来るし、プレゼンが上手い人でも実行する段階でつまずくことはある。個性って嗜好でしかないので流行がありますが、特性は技術を伴うので時代に流されることはありません。

多数決は正義じゃない。

「筋トレなんて、なんの意味があるの？」

「どこを目指してるの？」

「なになりたいの？」

最近は、努力して手に入れたものを否定する、苦労したことがないであろう人の声をSNSなどで、よく目にします。

例えば、ヴィクトリアズ・シークレット。

彼らは2019年に恒例だった下着のファッションショーを中止しました。

その背景には、「モデルが痩せすぎだ。子どもが拒食症になる」といった批判もあったよう。

ぽっちゃりしたプラスサイズモデルを使うのももちろん大賛成です。

ただ、僕は批判に負けず、自分たちのこだわりのショーをやり続けてほしかったです。

エンジェルと呼ばれるモデルさんたちは、生まれ持った体型にさらなる磨きをかけ多大な努力をし、ファッションショーに焦点を合わせて肉体を作っています。相当な努力です。

それはアスリートと同じ。

メジャーリーガーの大谷翔平さんは、160キロを超える速球を投げます。天賦の才能もあるかもしれませんが、たゆまぬ努力の賜物でしょう。

大谷選手に向かって、

「そんなに速い球を投げるなんて危ない。子どもが真似したらどうするんだ!?」と批判する人はいないと思います。

ヴィクトリアズ・シークレットのショーを批判した人たちは、真似したい人が誰でもあのような体型になれて痩せすぎるから危ない、と「仮定して」心配しているに過ぎません。実際、なれないんですよ、簡単には。

大谷選手のような速球を、誰もが投げられるわけではないことはわかるのに、モデルさんたちの努力を理解できないのは、なぜでしょう。

スポーツが進化するように、美も進化して然り。

本質的な努力の過程を知らず批判するというのは、少し違うのでは？

努力していない人たちの意見に、個人の特性が飲み込まれる時代になってほしくありません。

知識は経験を伴うと知恵になる。

知識は必要だが、知識が知識のままでは、社会では役に立たないのかもしれません。

知識を活かすも殺すも、経験が必要。

知識は経験を伴うと知恵になり、社会でもうまく生きる手助けをしてくれるはずです。

どんなにいい学校を出ても、社会人として思ったように活躍できなかったり、その挙げ句に引きこもりになったりする人がいるというのは、本人にとってもつらいし、惜しいことだと思うけれど、ひょっとしたら、せっかく身につけた知識が、知識のままで留まっているのかもしれない。

失敗を恐れた経験不足。

知識と呼ばれるものの多くが、ネガティブな可能性を予測することから生まれているせいでしょう。

頭でっかちでは、人を魅了しません。

経験をすることで、あなたが得た貴重な知識をあなたの知恵に、あなたの人生にしてあげてください。

失敗は挑戦した人だけが味わえるビターテイストの旨味。

なにかを始めたら、誰だって初心者。だから誰にだってまずは失敗する権利があります。たくさんしくじってきた僕からしたら、望んだことが一度の挑戦で叶ってしまうことのほうが不幸。道中に味わえるはずだった人生のビターな旨味を逃しちゃうからです。

なにをやっても取り返しはつきます。

特に若い方は、怒られたり反省したり、いっぱい失敗してください。しくじった経験があるほうが、仲間が集まるたびに何度でも笑い合えて、時間が経てば経つほどいい思い出に変わっていくものです。

進化がないと前進はない。

チャンスが来ても、準備をしていないとモノにできません。さらに言うと、準備ができている人の前に、チャンスはより多くやってきます。

僕は、見えない壁にぶつかって人生が思うように進まない間も、トレーニングは続けていました。

人知れず自分に課してきた筋トレが『筋肉体操』で結実し、人生を大きく前進させてくれました。

人は言います。「その汗、報われるの？」

報われるか報われないかを先に問うのは、すでに敗者の思考です。

前進したいなら進化するしかないからです。

臆病と勇気と。

「好きなことはあえて仕事にしないほうがいい」という意見があります。

そこには、仕事としてお金儲けの手段にしないで、「純粋に好き」を突き詰めるほうが尊いという思いがあるのかもしれません。

でも、はっきり言わせていただきます。


好きなことを仕事にしたほうが絶対に人生は楽しいんです！


もしも好きなことを仕事にしないほうがいいと思っている人がいるとしたら、その人は批評や批判に晒されることから逃げている臆病者なのかもしれません。

そう言えるのは、過去の僕がそうだったから。

マネージャーさんから、『筋肉体操』の仕事の内容を聞かされたとき、正直、僕は嫌でした。

なにが嫌だったのか。

それは、これまで自己流で人に知られることなく鍛えてきた自らの肉体が、他の人たちの肉体と並べられて、その道のプロや匿名のド素人に寸評されるのが嫌だったのです。

いや、嫌というよりも、怖かったのです。

幸いなことに、ゴリゴリに鍛えた筋肉よりも僕くらいの体型が年齢的にもリアルでナチュラルだと受け入れられ、番組に参加して以降、人生が大きく好転しました。

人は誰でも時間をかけて手にしたものを否定されるのは怖い。人生そのものが否定されるように感じてしまうからでしょう。

僕は臆病な時間が長すぎました。

あなたの「純粋に好き」なものをあなたの勇気で、解放してあげてください。

自分自身が生み出したイリュージョンを見破る。

2019年、フジテレビのお正月特番『TEPPEN』のベンチプレスチャレンジで、自分の体重の8割の重さを何回持ち上げられるかを競い、109回という記録を出したときのことを今でも聞かれることがあります。
「あのとき、なにが起きていたのか」と。

ベンチプレスをやったことがある方ならわかると思いますが、1発目より2発目、2発目より3発目を上げたときのほうが、重く感じます。それにはおそらく「乳酸が溜まり、筋肉が疲労してきて……」とスポーツ科学的に真っ当な理由が存在すると思うのですが、よく考えると重りの重さ自体は変わっているわけではありませんよね。

だとすると、どんどん重く感じるという比率や具合は人それぞれで、人それぞれということは、すなわち自分自身が生み出している感覚というわけで、捉えようによってはイリュージョンということになりませんか?

その理屈で、一発ごとに「わぁ、どんどん重くなる」と思わず、「今できたなら、次もできる」と、頭の中で無理矢理思い込み、あの日あのとき、実際に回数を伸ばすことができました。

僕のベンチプレスのスピードが人より遅いのは、いちいち浮かんでくるネガティブなイリュージョンを一発ずつ毎度毎度、頭の中から消し去る作業をしているからかもしれません。

競技が進んでキツくなって「やめる理由を探してる弱い自分」に出会い、その尻尾を掴んだとき、なんだかおかしくなって笑ってしまいます。

あの状況でも、笑顔になってしまうのは、そういうわけでした。

トレーニングに限らず、みなさんが辛いと思うとき、この考え方をぜひ取り入れてみてください。

匿名の書き込みは、負け犬の遠吠え。

僕は、少し名が知れてきた20代の頃、街中で人の視線を感じるのが嫌でした。それを時代劇で共演したボクシングの元世界チャンピオン・井岡弘樹さんに相談したことがあります。井岡さんはこう言いました。

「ボクシングでは、左腕を伸ばして距離を取り、右腕の拳でトドメを刺します。左腕を伸ばした距離に入っていない相手のパンチは当たらない。当たらないパンチに怯える必要はないし、避ける必要もない。だから、左腕の長さよりさらに遠いところからの攻撃にダメージを感じる必要はない。

ただ、誰かが左腕の内側に入ってきて、君になにかものを言おうとしているなら、その人の話は聞いたほうがいい。

その人は殴られる覚悟で君になにかを伝えようとしているから」

それを聞いて「世界チャンピオンってすげぇな」と思いました。

このくだりは、前著でも触れた通り。

一昔前はそれで済んだのです。

今厄介なのは、誹謗中傷が左手の中にあるスマホで見られてしまうこと。

自分にとって必要な情報と同じ距離に、最も不要な言葉があったりするのです。

真実も書かれているネット上では、そこに真っ赤な嘘が一緒に並んでいたとしても、あたかも真実のように見えてしまう。

そうやって自分の真実が歪められてしまうのは、誰にとっても苦しいものです。

過去も現在も未来までもが捻じ曲げられたみたいになって、傷つく人も多いに違いありません。

僕は普段からネガティブな言葉を口にしないし、ネットに人の悪口を書き込んだこともありません。そんな暇もないし、まわりにそんな知り合いもいないと思っています。

匿名で人を攻撃するような正体のない負け犬の遠吠えに屈する必要はないのです。

Q

私は大学院卒２年目で製造系のエンジニアとして地方で働いています。しかし、今の仕事の内容は自分には合っていないと感じています。この会社でずっと働いていていいのだろうかと毎日思ってしまいます。

ここを辞めて、もっと自分が輝ける場所を探したいと思う反面、現在の職場でも毎日結果が出なくて悔しく、周囲の人たちに認めてもらえるまで負けてたまるかとも思っています。

武田さんが同じ立場になったら、どのように考えて行動しますか？

26歳男性（エンジニア）

A

今はYouTubeのような舞台もあるわけですから、現在の職場で働きながら、試しに「私にはこんなこともできるぞ」と積極的に発信して、あなたの価値を自分自身に証明してみたらどうでしょう。共感してくれる人が増えそうなら、クラウドファンディングで資金を集めて、起業して自分が得意で好きな仕事に発展させられる可能性だってありますよね。

それができそうにないなら、今はまだ置かれている環境に感謝し留まったほうがいいのかもしれませんね。「負けてたまるか」は、そこに留まる立派な動機では？　どうでもいいことなら、なんの感情も湧きませんから。

Q

私はよく「真面目だね」と言われます。なので、もっと気楽に行動してもいいかなと思っていました。私は「真面目」という言葉を良い意味で捉えていたのですが、父からは「それは要領が悪いということだよ」と指摘されます。「時間をかけるべきところにかけていなかったり、やるべきことの優先順位がわかっていなかったりする」とも言われます。私は日頃からやることに優先順位をつけて取り組んでいたつもりだったので、一体なにが悪かったのかと悩んでしまいます。

20歳女性（保育士）

A

真面目の定義はわかりませんが、要領が悪いことで費やした時間も、なにが無駄かを知ることができたなら、それは決して無駄ではなかったと思います。それを繰り返しているうちに要領が良くなり、優先順位のつけ方も上手になってくるはずです。積極的に人のやり方を観察して、自分のやり方を調整していくこともおすすめします。

Q

私は毎日、13キロメートルほど離れた学校に自転車（ママチャリ）で通っています。爪先立ちでペダルを漕いでしまうクセがあるからか、脚の筋肉がガンダム級です。

女性らしい脚になりたいのですが、筋肉がつきにくい漕ぎ方を教えてください。

17歳女性（高校生）

A

自転車で脚の筋肉に一番負荷がかかるのは、走り出しなんです。13キロメートルもあったら、途中に信号だっていくつもあるでしょうから、そのたびに脚に大きな負担がかかって太くなりやすい。

対策としては、ギアを軽くしてたくさん漕ぐスタイルに変えるしかないと思います。ママチャリにはギアがないから、ギアチェンジできる自転車に乗り換えてみてください。

Q

私には、ずっと好きだと言ってくれる優しい男の子がいます。

ですが、自分のタイプとは少し離れているので、告白されても断っています。

自分のことを好きだと言ってくれる人とつき合うのがいいのか、それとも自分が本気で好きと思える人が現れるのを待ったほうがいいのか、悩んでいます。

20歳女性（学生）

A

いずれにしても「待つ」というスタンスは良くないと思います。今の時代、ガツガツくる男の子が減っているから、女の子も待っているだけでは、いい人に出会えないでしょう。待つのではなく、自分が本気で好きだと思える人を自ら探し、果敢にアタックしてみてください。理想に破れたことがないのに妥協した恋愛はできないでしょう？

自分には無理めの人にアタックしてみて、成就できたらラッキー。ダメならダメで、失敗から自分の恋愛的価値を知ることも必要です。大丈夫、こんな言い方もなんですが、失敗してもその優しい男の子がいますから。

Q

他人にどう見られているかを常に気にしている自分が嫌です。自己肯定感が低いのだと思います。自分を信じることにも欠けているのだと思います。

いろいろな体験をされている武田さんは、自己肯定感を上げるためになにをされていますか。

30歳女性（公務員）

A

自己肯定感、僕もずっと低かったんですよ。低いから「せめて筋トレをして健康でいよう」とか「サックスいっぱい練習しよう」と思って自分なりにチャレンジしてきたんだと思います。しかし、やればやるほど、そのシーンの他者と比較して己のレベルを知り、また自分を否定し落ち込んだり……。

なにもしないうちに自己否定するのは、自分を産んでくれた両親を否定するようなものなので、止めたほうがいいと思いますが、なにかをしてみて自分の現状を否定するのは、成長に繋がることもあると思うんです。

なにもしていないのに自己肯定感が高いのは、いわゆる中二病で、僕はむしろそちらのほうが恥ずかしいというか……。

他人からどう見られているかが気になるというのも、見方を変えたら、なにかに踏み出すエネルギーの一つになりませんか？他人の視線をまったく気にしないで、ボサーと生きているよりも、まわりが多少気になっているくらいのほうが、結果を出そうと張り合いも出るでしょうし、悪いことはないはずですよ。

他人にどう見られているか気になるなら、「こう見られたい」という自分に近づく努力を迷わずにできるはずです。

SECTION 3

無用の用

人生の勝ち組とは？

高校球児で甲子園に出られるのはごく一部。そこからプロになれるのは、さらに一握り。

ただ、ずっと補欠だった選手でも、将来、少年野球で子どもたちに野球を教えるという時間は過ごせるかもしれません。

プロ野球選手ではなくても、少年野球の監督やコーチは野球というものに対して現役です。

特に少年時代に出会ったものの現役でいることで得られる幸せは格別なものであるはず。それはもう人生の勝ち組と言っていいのではないでしょうか。

僕は顎関節症で、サックスが吹けなくなった時期がありました。ずっとやってきたことが、ある日医者にもう二度とやらないほうがいいと言われ、人生に絶望しました。

失いかけてはっきりわかったのは、現役でいられることがなによりも幸せに思えるものをすでに自分が見つけていたということ。

もう二度と失うことのないようにしなければなりませんね。

無差別級の世の中で。

トレーニングは、健康維持以外にもいろいろと役立つものです。

僕の場合は、俳優業での役作りやサックス演奏にも生かされています。

サックス演奏にも？

そう、例えばシンセサイザーはガッシリ体型の人でも痩せ型の人でも、指で鍵盤に触れれば同じ音が出せますが、サックスはもっとフィジカルな楽器。息を吹き込むので、肉体で奏でている部分はかなり大きいのです。

サックスに限らず、アコースティックな楽器って基本的には無差別級なんですよね。いや、楽器どころか、世の中の大半の職業が無差別級。

なにをするにしても健康で筋力があるほうが楽に、より良い仕事ができるはずです。

普通の会社員には必要ない？　そうでしょうか。

筋肉は、長期的・計画的に物事を考えられるメンタルと、苦痛に耐えられる丈夫なフィジカル、その両方を持つことを表す名刺になります。

どんな職種でも「仕事を任せてみよう」と、信頼を引き寄せるきっかけになり得るはずです。

さぁ、もうホントにそろそろ始めてみませんか、筋トレ（笑）。

通常のフォーマットからはずれてみる。

耳なじみが心地いいだけの音楽よりも、今はまだ自分にしかできないプレイを追求してみたいので、僕が演奏する曲の設定キーは、だいたい高めです。
サックス・プレーヤーの中でも、多分僕は体力があるほうだと思います。力任せに吹く僕のサックスを、音割れしてうるさいと言う人もいるでしょうが、誰のサックスなのかわからないよりもずっといいと思っています。

サックスの通常音域は、上が実音「ファ#」までです。それよりも高い音はフラジオと呼ばれ、人の声で言うところの裏声に当たります。

サックスの音域は通常2オクターブ半しかありませんが、フラジオが出せるとそれが3オクターブ以上にまで広がり、どんな編成の音の中でも、クリアに抜けて聴こえてきます。

原理は、息の吹き込み方の調整と、響きやすい仮の指使いから生まれています。そうやって本来は存在するはずのない音をコントロールできるようになると、演奏がよりユニークになるのです。

サックスに限らず、どんなことでも、通常フォーマットからはずれることを恐れずに進むことで見つかる自分だけのやり方ってありますよね。

特に、生業《なりわい》にしたいものがあるなら、それを見つけることはとても大事です。

独学でもここまでできる。

フラジオのコントロールができないと、僕の曲は演奏できません。どこかの学校でサックスを習ったというタイプの人には多分吹けないでしょう。突然の強気、大変失礼しました。

僕は中学3年生でサックスを手にして以来、誰かに習ったことはありません。吹奏楽部にも入っていなかったので、譜面の読み方から、指使いまで、完全な独学です。別にそれが偉いわけでもありませんが（あっ、チェッカーズのコピーから入ったという意味では、唯一の師匠は藤井尚之さんです！）。

音楽を聴くとき、この演奏者の先生は誰々で、どんな勉強をしてきたのかなんて、多くの場合、聞き手は気にしないはず。

だから、むしろ僕の場合「独学でもここまでできる」ということを示し続けることで、音楽があふれる恵まれた環境に生まれ育たなかった人や、同じように独学で音楽を志す人、なんでもいいから自分のやり方で人生を切り拓こうとしている人に、勇気と希望を与えられたらと思い、今日もブーブーとうるさいサックスを吹くのです。

エッセンシャルワーカーではないからこそ、面白くなきゃいけない。

新型コロナの蔓延で、生活に不可欠なエッセンシャルワーカーの存在が注目されました。

医療や第一次産業、インフラ維持に関わる職業と比べたら、残念ながら俳優も音楽家もエッセンシャルではない。必要不可欠ではないんです。

僕はこの仕事を始めて2年目に陣内孝則さん主演の『先生のお気に入り！』というドラマに出演させていただきました。

芸術家を目指す若者たちの群像劇。

30年前のそのドラマで、芸術学校に進んだ生徒に先生役の佐野史郎さんが、確かこのようなセリフを言いました。

「芸事は、米を作ったり道路を作ったりする仕事に比べたら、たいした価値はない。それでも求められるようになるには、よっぽどの覚悟がなきゃいけない。仮に芸事がなにか形になったとしても、そういう仕事よりも偉いと思うな」と。

僕の中で意訳してしまっている部分もあると思いますが、僕はこのセリフを今でも胸に刻んでいます。

「ただの娯楽だからこそ、ちゃんと面白くなきゃいけない」と。

なにを面白いと思うかは人それぞれですが、完成度や芸術点だけを追いかけてナルシシズムにならないよう、僕は僕なりの「面白点」を常に意識していきたいと思っています。

過去は変えられる。

ジョニー・デップは、ブロックバスタームービー『パイレーツ・オブ・カリビアン』に出演したことで、過去に出演した小規模の素晴らしいインディペンデント映画が、改めて評価されたと、あるインタビューで言っていました。

歩みを止めなければ、そんなこともあるんですね。

腐らずに前に進んでいこうと思いました。

僕にも埋もれさせたくない作品があるから。

名優も人間。

テレビの仕事から遠ざかっていた30代では、演劇やミュージカルの舞台でいろいろな俳優さんや演出家と出会うことができました。

彼らと一日中一緒にいると、どんな名優でもセリフを覚えるのに苦労したり、歌がうまく歌えなかったりする瞬間を目の当たりにします。

そんなふうにイチからモノを作っていく過程をつぶさに見られたのは、僕にとって貴重で必要な体験でした。

いつも完成形ばかり見せられたら、自分には才能がないとへこんでしまうけれど、名優と呼ばれる人たちの努力のプロセスをごく間近で見ると、彼らだって超人でもサイキックでもない、悩み苦しむ僕と同じ人間なんだと知ることができたのです。

あるとき、市村正親さんが、稽古でいつも最初から声がよく出るのを不思議に思

って、その理由を聞いてみたら、

「稽古場へ来る前にバレエのバーレッスンを受け一汗かいて、稽古場に着いてからはサウナスーツを着て、この建物の周囲を数十分間走っているんだよ」と教えてくれました。

彼の髪の毛がいつも稽古の始まりから汗だくのように見えていたのは、寝起きでシャワーを浴びたばかりの僕の髪の毛が濡れているのとは違う理由でした。

助演ができるようになって初めて、人生の主役は自分自身だと思えるようになった。

40歳を超え、実生活で人としてさまざまな経験をしてくると、台本の読解力にも変化が現れます。自分がどんな表現をしたいかではなく、作品のテイストや物語にとって必要な演技とはどういうものか、主人公を支えるためのパフォーマンスとはなにかを今までより深く、あるいは別の角度で考えられるようになり、不思議とまた大きな役を任されるようになっていったのです。

TBSドラマ『凪のお暇』での「スナックバブルのママ」や、テレビ朝日ドラマ『時効警察・復活スペシャル』の「美魔王藤原」、『ドクターX』の「鮫島有」、日本テレビドラマ『美食探偵・明智五郎』の「伊藤シェフ」がそうでした。

助演を通して、人の役に立てる、自分が選んだ社会・業界の役に立てるという実感が、人生の喜びをより深く感じさせてくれました。

相手の気持ちを察し適切なアクションを起こすという助演的な行為は、実生活のコミュニケーションにも当然必要なスキルだったのでしょう。

自分の中にポジティブな成長を感じると、とたんに日常が色鮮やかに変わります。

「これが、僕の人生なんだ！」

20代の頃、なんの根拠もなく楽観的に、

「自分の人生の主人公は、自分に決まっているだろ！」と思い込んでいたのとはちょっと違う意味で、今また自分自身が自分の人生の主役だと思えるようになってきました。

人前に出る最低条件。

片岡鶴太郎さんはその昔、ボクシングにハマっていた時期があり、そのとき同業者から、

「腹筋が痛くなるくらい客を笑わせるのが仕事なのに、演者のお前が腹筋鍛えてどうすんだ」と皮肉を言われたことがあったそうです。

それに対して彼は、

「テレビなどで人目に触れていい人間の条件として、まずは最低限、己の肉体ができあがってなきゃいけない」と言っていたのをテレビで見たことがあります。

僕が20代後半で顎関節症で体調を崩した後、どうして自分は人前に出る仕事から弾き飛ばされたのかを考えたとき、鶴太郎さんのその言葉を思い出し、まず肉体がそれに値するものじゃなかったことに気づくことができました。

肉体が貧弱なのに、いくらドラマとはいえ、偉そうに強者のようなセリフを言うのはみっともないと省みたのです。

肉体を鍛えるきっかけとなった、あのときは面識のなかった鶴太郎さんのテレビでの発言に出会えて、本当に良かったと思っています。

40歳から仕事は楽しくなる。

ある日テレビで所ジョージさんが、
「40歳から仕事は楽しくなる」と言っていました。
所さんは、僕らの世代にとって、趣味が充実しているカッコイイ大人の代表。

僕はその言葉を信じて、日々目の前のことに取り組むようにしてきました。

そして自分や自分のまわりが40代になってわかったことがあります。

40代くらいまでこの仕事が続けられている人には、それなりの偏りを持っている人が多いなと。

芸能という仕事の側面として、そういった個人の特性が明らかに目立つようになる反面、弱点もまた認知されるようになります。

すると若い頃のように、マネージャーや番組スタッフから「あれもやれ、これもやれ」と無理難題を言われなくなるのです。

成長を拒絶するわけではないけれど、できないことは、できないわけですから。

ある種の開き直りとまわりの認知が噛み合い、そこを埋める人もちゃんと出てくる。

自分はできることをやればいい。

ポンコツを晒《さら》しちゃえばいい。

できることをやらせてもらえるって楽しい。

それはどんな職種でもそうだと思います。

「あっ、所さんの言ってたことは、やはり本当だった」と自分なりに納得しています。

自分の物語を自分が諦めない限り、きっとポジティブな方向に行ける。

20代後半、心も身体も疲れ果て「人前に出る仕事は僕には合わないのかな」と『めちゃイケ』以外の仕事をセーブしてできた自由な時間を活かし、なにか違う道を探すべく、30代になってすぐレコーディングエンジニアの育成学校に通い始めました。

世界中の音楽家が誰でも使っている「プロ・ツールス（Pro Tools）」というソフトを学ぶためです。

プロ・ツールスというくらいですから、プロ仕様の音楽編集ソフトで、プログラミング技術を教えてもらえる週1回のグループ講座に応募し、半年間通いました。『めちゃイケ』の収録が火曜と水曜だったから、通うのは毎週木曜日。その時間の希望者が僕だけだったので、マンツーマンで学ぶことができ、先生も親身になって向き合ってくれて、自宅に世界基準の高性能マイクやレコーディング対応のコンピユータなどの音楽機材を揃える手筈も整えてくれました。

今の時代、音楽を作るとき、レコーディングスタジオを押さえて、ディレクターや腕利きのエンジニアを雇い、いいマイクを借りてきて、録音作業をするのは、スケジュールを合わせるだけでも大変だし、コストもかさみます。丸一日かけても、その日のうちにOKテイクを生み出せなかったり、客観的判断ができなくなり行き詰まったり。

それよりも、自宅にレコーディングスタジオがあれば、毎日少しずつ作業を進めることはできるし、日を跨《また》いで時間をかけて冷静に自分の演奏を聴くこともできます。

あるテイクの良かった部分と、別のテイクの良かった部分を編集で繋げたり、音を細かく加工して自分が納得のいく状態にまでしたものを何曲か溜めてから、スタジオに入ってスタッフとチェックして修正していくほうが遥かに効率は上がります。

2020年に出したアルバム『BREATH OF LIFE』はこうしたプロセスで完成しました。

表舞台を諦めかけて裏方作業を学ぼうと、20年ほど前にあの学校に通っていなかったら、このコロナ禍においてアルバムは完成していなかったでしょう。

そして、50歳目前でメジャーレーベルから再デビュー！

こんな奇跡があるんですね。納得いく内容のアルバムを完成することができて、自分を誇らしく思えます（コロナ禍で全国各地へのキャンペーンに出向けなかったのは残念でしたが、落ち着いたらできるだけ多くの方とこのアルバムを通じて触れ合いたいと思っています。そのときはよろしくお願いします！）。

ありきたりに聞こえるかもしれないけれど、すべてのことにはやはり意味があるんだと実感しました。

自分が自分の物語を諦めない限り、必ずポジティブな方向へと導かれるのだと、これからも僕は信じ続けます。

メディアに露出する覚悟。

リアリティ番組ではアマチュアの出演者が重宝されています。

すべてのリアクションが本物だから、それはアマチュアのほうが面白いに決まっています。ギャラも安いとくれば、制作側がどんどんアマチュアを使いたくなるのはわかりますが、同時にとても危険なことが潜んでいる気がします。

プロの俳優が演技を批判されたところで、所詮「仕事の一部」を見直す程度で済むわけですが、アマチュアの人がありのままの自分をメディアに晒してネットの餌食になったら「人格すべて」を否定されてしまったような気持ちになるはずです。受けるダメージは計り知れないのではないでしょうか。

メディアに露出するということは、その反響によっては現代のシンデレラにもなり得るけれど、出方を間違えると呪いにかけられたかのように窮屈な思いをする可能性があります。

ジェネレーションギャップ？

厳しい時代を生きてきたから何でも言っていいという考え方は、
もう本当になくなるべきだ。

今、生きてる時代は同じなんだから。

やっちまったら「ごめんなさい」。

「ごめんなさい」を言わない強さもある。
「ごめんなさい」を早く言いすぎる弱さもあると思う。
でも「やっちまった」と心のどこかで非を認めるなら、
まず謝罪するのは当然。

僕は、「ごめんなさい」が素直に言える強さのほうが好きです。

リアルな言葉が、脱皮を促してくれる。

体調を崩して、なにもかもうまくいかなくなった20代後半に、「もう武田さんの時代は終わったんですよ」と、当時のマネージャーからはっきり言われたことがあります。

一時代を築いて流行りの頂点を極めたタレントが、次になにを売りにすればいいのかわからないというのは、マネジメント側の偽りのない本音だったのでしょう。30歳手前で「これからはおじさん役に転向して活路を見出そう」と、革ジャンの代わりにポロシャツを着ろ、髪の毛も七三に分けろと言われました。

結局そうはしなかったのは、「お前の時代は終わった」というリアルなその言葉に、むしろ奮起したからです。

それがなければ多分筋トレに励んでいなかったでしょうし、忌野清志郎さんのバンドに加えてもらってツアーに出て、サックス・プレーヤーとしての自らの力を伸ばそうと思わなかったかもしれない。

自分にとって都合の悪い真実に目を向けることは、ときとしてとても大切なことでもあると実感しています。

Q

武田さんのようなカラダになりたくて筋トレを始めたのですが、変化が一向に感じられません。自分ではいろいろ頑張っているのに、結果が出ないので、自信を失いかけています。このようなときは、どう考えたらいいのでしょうか。よければ、筋トレのメニューを考えてみていただけませんか？

17歳男性（高校生）

A

17歳ね。まだ成長期で身長が伸びている間は、筋肉はつきにくいんですよ。あまり筋トレをやりすぎると、縦方向の成長を止めてしまう恐れもあるといいます。サッカークラブのユースチームのように、プロのスポーツ選手を育てるジュニア組織では、身長が伸びるのを妨げないよう、子どもたちに筋トレを禁止しているところもあるようです。

筋トレは、僕のように20代後半から始めてもいいし、50代で始めたって効果があります。今焦る必要はないですね。

今は筋トレよりも食事。肉でも魚でも野菜でも好き嫌いなく食べて、バランスのいい栄養をたくさん摂りましょう。

Q

歳のせいもあるかもしれませんが、イライラが止まりません。イライラして子どもに当たることもあります。真治さんのイライラ解消法やストレス解消法を教えてください。

40歳女性（カラーリスト）

A

きっとエネルギーが有り余っているんですよ。それに尽きます。

僕も昔、めっちゃくちゃ癇癪《かんしゃく》持ちでした。それがなくなったのは、ベンチプレスとジョギングをやり始めてから。運動による疲労をしていたり、全身筋肉痛のときは、むしろイライラするエネルギーすら残っていませんから。運動ができてなくて、エネルギーが溜まってきたら、今でも僕もイライラしますよ。なんでもいいので運動してみてはいかがですか。

Q

武田さんの自撮りのアングルが独特で好きです。

自撮りのときに気をつけているポイントにはなにがありますか？

17歳女性（高校生）

A

僕自身や一緒に写ってくれる人の余計な時間を割かないように、ちゃんといつも利き手の右手でしっかりと持ってピンボケを防いでいます。

あと、後ろの人や風景ができるだけいっぱい写るように精一杯腕を伸ばしています。

人と並ぶときは、僕の顔が比較的小さいので、他の人の顔が大きく写らないように、ちょっとだけ前に出るようにしています。

Q

いつか運命の人と出会えると信じていますが、そういう人になかなか出会えません。武田さんのように、「この人と結婚しないと、損をする！」と思える人に、どうやったら出会えますか？

40歳女性（販売員）

A

運命の人を身長180センチのイケメン……って外見的な要素をクリアした人の中から選ぼうとしていませんか？

高鳴るトキメキだけを追いかけて、刺激的な恋をするのが運命の出会いではありませんからね。

幸せの青い鳥じゃないけれど、もう出会っているかもしれませんよ。身近な人のいいところを見つける努力をしてみるのはどうでしょう。共に過ごす時間の中で、「この人がそばにいると仕事がはかどるな」とか、「なぜだかわからないけれど、この人がご飯を炊くと、普通の炊飯ジャーなのに土鍋で炊いたみたいに美味しく感じるなぁ」とか発見があるかも。人間なんて現金なもので、ちょっとでも自分に得があると、愛情に変わったりするものですよ。

Q

作り置きしたおかず、コンビニスナック、チョコレートなど、なんでも一度食べ始めたら、なくなるまで食べ続けてしまいます。途中でなんとかストップしても、しばらくすると冷蔵庫を開けています。

とくに甘いモノが大好きで、仕事帰りのコンビニ通いが止められず、お菓子代がかさみます。対処法はありますか？

33歳女性（パート）

A

言葉が過激になりますが、もしかしたら、それはちょっと、ある種の依存かもしれませんね。

人は誰でも何かに依存して生きているもの。趣味や恋愛、キャリアアップとか。

依存の対象が甘いモノだと太りやすくなるし、それがギャンブルだったら家計が苦しくなります。だから、依存の対象を健全なものに意識的に変えてみることを僕はお勧めしたいです。一番いいのは、やはり運動系。ジョギングだけでもじゅうぶん健康になるし、体型も整うし、なによりお金がかかりませんから。僕は一時期、有酸素運動依存症みたいになっていて、2年間くらい2日に一度のペースでハーフマラソンの距離（21キロメートル）を一人で走っていました。後の『筋肉体操』につながっていったんだと思うので無駄だったとは言いませんが、あの頃は風邪も引きやすく、いつも足は筋肉痛でしたね（笑）。

依存自体は悪いことではないんだと思います。対象を調整して、その習性をうまく利用してみてください。

Q

以前、武田さんが『しくじり先生　俺みたいになるな!!』というテレビ番組で、「できない自分を認めて、肩の力を抜いて努力する」とおっしゃっていました。番組で話されていた内容は私にも当てはまり、まるで私自身に語りかけてくれているようで、涙が止まりませんでした。

できない自分を許すのは、難しいことだと思います。自分自身を高めつつ、肩の力を抜くことは、今の自分には想像し難いのです。限界の見極め方や物事の考え方などを教えてください。

22歳女性（学生）

A

22歳でなにか頑張ってみたい具体的な対象があるなら、今は思いきり取り組む他ないかもしれませんね。

芸能界ばかりじゃなく、どこの世界でも若いうちは椅子取りゲームが過酷です。努力を止めてしまったら、あなたが座りたい椅子を、他の誰かが獲ってしまう可能性があります。

なにを成し遂げようとしているのかわからないので、曖昧なアドバイスになってしまいますが、最終的に肩の力を抜いて努力をするのが理想だとすでに気づけているわけですし、限界をおのずと見極められるのでは？　今は悔いのないようやれるだけのことをやってみてください。

Q

子どもたちが進学や就職で家を離れて一人暮らしを始めました。成長して独り立ちしていくことはとても嬉しいことですが、ほっとする反面、正直、私は寂しくて体に力が湧きません。

第二の人生、自分の好きなことをやればいいとわかっています。子育てだけが人生の目標ではないし、いろんな生き方があると思います。やりたいことはたくさんあると思っていたのですが、その興味さえ薄れてしまっています。とにかく寂しいのです。寂しいという気持ちとどう対峙していけばいいでしょうか。

52歳女性（パート）

A

多分これまで、とても幸せなエネルギーに包まれて生きてこられたんだろうなという印象を持ちました。すごくいい人生だったんでしょうね。

僕はまだ50代になっていないので、いいアドバイスができるかわかりませんが、体に力が湧かないとしても、他人と触れ合って、人の輪の中に入ってみることが必要かもしれませんね。そこには親しくつき合える人もいれば、クセの強い人、苦手なタイプだっているでしょう。いろいろなタイプの人と対峙したり、距離を取ったりすることでエネルギーが湧いてくることもあります。人との触れ合いでエネルギーを感じるというか。新たに人間関係を築くのは大変でしょうが、一人ぼっちで家にこもるよりもいいのではないでしょうか。

SECTION 4

不可欠なもの

BREATH OF LIFE

2020年に出したアルバムのタイトル『BREATH OF LIFE』は、「人生において息をするように、不可欠なもの」という意味。

愛する人に「あなたは私のBREATH OF LIFEだ」というふうにも使う、慣用句です。

僕にとってのBREATH OF LIFEは、やっぱりサックスですね。決して抜群に上手くないのはわかっています。

ただ、手にして音を出した瞬間から、サックスは僕をユニークな存在にしてくれるのです。自分自身にエネルギーを感じさせてくれるし、ヒーローになったような気分にもさせてくれます。

人から見たら「下手の横好き」かもしれませんが、世間の評価より僕が僕の中で感じていることのほうが大事なので、誰になにを言われてもやめるつもりはありません。

「息はしないけど、生きていきます」なんて、あり得ませんもんね。

一人では得られない強さ。

僕が出会っている既婚者たちには、結婚で強くなっている人が多い。

結婚で強くなった人たちは、世の中にプラスのエネルギーを放出しています。

『めちゃイケ』でずっと一緒だったナインティナインの矢部浩之さんや極楽とんぼの加藤浩次さんがそう。僕と同じ年に結婚した岡村隆史さんも、きっと結婚でさらに強く、さらに面白くなってくれちゃうことでしょう。

おかげさまで、僕も結婚することができました。僕も進化して、より多くの人に楽しいことを提供できる存在になりたいと強く思います。

人にモテたい。

「結婚すると奥さん以外の女性たちからモテるチャンスを手放すことになるよ」

「そんなに鍛えていて、まだ全然枯れていないのに、モテるチャンスをよく手放せましたね」とこちらをそそのかすようなことを言ってくる人がいます。もちろん、ほとんど冗談で、でもほんのちょっと本気で。

僕は決して結婚直前までモテモテだったわけではありませんし、「モテたい」だけが動機で仕事をしてきたわけではないので、そこは覚悟の上です。

もし僕に、まだモテ要素があるなら、これからは男女問わず、「人」にモテたいですね。

より多くの人にテレビを見て笑ってもらったり、音楽を聴いてもらったり、本を手に取ってもらったりするのも、モテるってことですもんね。これからは、そういうモテ方がいいな。

そういった意味では、まだまだモテたいです（笑）。

筋トレは、タイムマシン。

若く見られることが偉いとは思わないけれど、鍛えていたことで肉体の保存状態が良いまま、この歳を迎えられていることは、自分としても誇らしいことです。まだ叶えたい夢はたくさんあるし、叶えられそうなチャンスを感じます。

筋トレは、来《きた》るべき時代まで、僕を運んできてくれたタイムマシンのようなものかもしれません。

みなさんにも、達成したい目標があるなら少しずつでも筋トレすることをおすすめします。体力だけではなく、嫌なことでもプラスに変えられる精神力と諦めない心も手に入り、長期的な計画を立てて人生を進められるようになるはずです。

男はこうあるべき、女はこうあるべきだと頑なに言う人に、新しく面白いものが作れるだろうか。

性的指向なんて言葉を最近よく聞くけれど、そもそも一緒に仕事をする人の恋愛対象が男性か女性かを知る必要があるのでしょうか。

それを知らなきゃできない仕事ってなんでしょう？

社会的マイノリティの方々の権利は当然、守られるべきですが、その絶対数が少ないシーンでは、常識が目まぐるしく変わっていきます。

男はこうあるべき、女はこうあるべきだと頑なに言う人にはさすがに旧時代を感じますが、最先端すぎる新常識を自分がどれだけ理解できているかは、正直疑問が残ります。

それにしても、古い考えから新しく面白いものが作れるとは誰も思っていないでしょうから、マイノリティに対する期待は高まり、今の時代はその発言が注視されるのでしょうね。

今まで学んだこと、身につけてきたルールを、壊される楽しみ。

『ピーターパン』という舞台でフック船長を演じたときに、当時小学6年生の甥っ子（姉の息子）が北海道から東京まで観にやってきました。

観劇後、彼は僕にこう言った。

「シンちゃん、僕は野球をやっていて、勝つか負けるか、一瞬先がホントにわかんない中で闘っているんだよ。シンちゃんには台本があって、次に向こうがやることがわかっているのに、なぜピーターパンの裏をかかないんだよ！」

それでは『ピーターパン』のストーリーが変わってしまうが、面白い発想だと思いました。

自分がプロとして、人として生きるうえで受け入れてきたルールみたいなことを、子どもにぶち壊されるのは楽しいのかもしれない。

今まで学び、身につけたことが全部でたらめに思えるような、そういう存在に出会えるとしたら、それはそれで面白そうだと、最近は思っています。

基準を示してくれる人といると、もっと成長できる。

バージョンアップとか成長とかは、あくまで自らの力でするもの。

しかし、一つのことを長く継続していると、自分のレベルがいかほどか、判断基準を見失います。

ですから、傍から見ていて、どのくらい成長したか、次に必要な展開とはなにかを考えてくれる人も必要。

ビートルズも、ローリング・ストーンズのミック・ジャガーも言いました。「いい曲を書くより、いいマネージャーに出会うほうが難しい」と。

人知れず鍛えていた肉体をNHK『筋肉体操』でお披露目しようと判断してくれたマネージャーには感謝ですね。尖りつつ面白いって、最高ですもんね。

僕が立つ舞台やライブに足繁く通い、参加するドラマを応援してくれて、僕がラジオや雑誌のインタビューで発する一言一言にさえ気にかけてくれて、また次のステップへ進もうと思わせてくれるファンがいること、本当に感謝です。改めて、いつもありがとうございます。これからもよろしくお願いします。

Q

楽器初心者向けの、真治くんおすすめの楽器を教えてください。手が小さくて指も短いので、なにを選んだらいいのか、悩んでいます。

60代女性（無職）

A

僕の手も、たいがい小さいですよ。「リスの手」と言われたことがあるくらいですから（笑）。だからサックスだってできるかもしれないけれど……思い切ってＤＪをやったらどうでしょう！　それなら手の大きさも、指の長さも関係ありません。

楽器を始めて、人に聴かせられるほど上達するには、かなりの時間を要します。ＤＪなら「音楽を人と共有する楽しさ」に割と早く辿り着けるはずです。60代の女性ＤＪ、素敵では？

Q

今までフラれてきたことが多く、恋愛に奥手です。このままでは結婚できなそうで焦っています。どうしたら恋愛に積極的になれるでしょうか？

26歳女性（看護師）

A

これまでどういう経緯でフラれたのでしょうか。告白した段階でフラれたのか、それともつき合ってからフラれたのか……。

いずれにしても、恋愛の先に結婚の影があまり早い段階からチラついていると、逃げたくなる男性が多いのは事実だと思います。重たく感じてしまうし、家柄とか収入とか、夫に相応《ふさわ》しい人間かどうかを減点法で品定めされているようで、決して気分はよくありません。

結婚への意識は口に出して言わなくても、雰囲気でなんとなく伝わるもの。

逆に恋愛と結婚を一度切り離して、純粋に恋愛をしてみて、お互いにいいと思ったら、結婚すればいいのでは？　恋愛が楽しめないと、将来の結婚生活も楽しめないはずですから。

Q

現在大学3年生で、インターンやセミナーなどで就職活動を進めています。ところが、新型コロナの影響で大学の授業がオンライン形式となり、課題が今までの倍になりました。就職活動に回せる時間が少なくなり、不安を感じています。なにかアドバイスをお願いします。

20歳男性（大学生）

A

まさに今の時代の悩みですね。僕は大学に行っていないので、その大変さを根本的には理解できないでしょう。申し訳ないです。

なので参考になるかどうかわかりませんが、僕の時代に起きた事実だけをお話ししますね。

信じられないかもしれませんが、バブル経済成長期の1990年には、高卒で銀行に勤められたんです。その後バブルが弾け、すぐに就職氷河期が訪れました。1994年に四年制の大学を卒業した僕の同級生たちは全然就職できなかったみたいなんです。

なにかの資格を取ったり修学する目的が、就職ということであれば、時代の流れを読むことも忘れないでください。

なにをやりたいのかをはっきりさせ、そこへ進むためにはどうしたらいいか、なにを優先して、なにを切り捨てるか。

大人が提示してくるノルマをこなしていれば未来が拓かれる時代ではないんだという覚悟は必要かと思います。

Q

韓流ドラマに夢中になりすぎて、日本のドラマやバラエティ番組をほとんど観ていません。最低限の家事はなんとかこなしていますが、このまま大好きな韓流ドラマにハマり続けていいものかどうか、悩んでいます。良きアドバイスをよろしくお願いします。

55歳女性（主婦）

A

韓流ドラマに限らず園芸や旅行……ハマれるものがあるのは素晴らしいことだと思います。自分のお金でやりくりしているなら。

趣味が、自分の生活や家計を圧迫してはいけないと思うんですね。

自分で稼いだお金を超える趣味は考えものですが、韓流ドラマはそれほどお金のかからない趣味ですよね？　存分に楽しんでいいと思いますよ。

Q

43歳で8歳の息子が１人います。夫とは離婚を考えた時期もありましたが、今はなんとかやっています。

夫は「きょうだいはリスクがある」という考え方のようで、２人目は望んでいません。でも、息子はきょうだいを欲しがっているので、高齢出産になりますが、なんとか望みを叶えてやりたいとも思っています。

武田さんは、きょうだいはリスクだと思われますか？

43歳女性（経営者）

A

この問題は家庭の経済的なこともあるでしょうし、なんとも……。

ただ、「きょうだいがリスク」というのは、一体どんなリスクを指しているのでしょうか。

僕には姉と妹がいますが、姉がチェッカーズのファンだったので、その影響で僕はチェッカーズを聴くようになり、サックスという楽器があることも知り、実際吹き始めたので、僕に関して言えば、姉の存在はリスクではなくチャンスをくれるものでした。

２つ下には妹がいて、中学３年の僕に、下級生の女の子たちがいかに僕に夢中かを話してくれたので、すっかり勘違いして、気持ちがどんどん芸能界へと向いていきました（笑）。二人とも、両親が僕にくれた最初の宝物です。

参考になるでしょうか？

Q

17年前に出産してから椎間板ヘルニアになり、その後運動がまったくできなかったのですが、今後のことも考えて最近ジムに通い始めました。

腰に爆弾を抱えているようなものなので、激しい運動はできません。体がガチガチでストレッチをしても思うように動かず、筋肉痛が辛くて挫折しそうです。

真治さんの投稿を見ていつもパワーをいただき、「頑張ろう！」と思うのですが、辛いと思ってしまう気持ちが強くて前に進めません。どうしたらいいでしょうか。

46歳女性（医療事務）

A

僕も腰を痛めた経験があります。腰の痛みは辛いですよね。腰が痛いと運動だけではなく、生活のすべてのペースがとたんに落ちてしまいます。

トレーニングが長続きするよう一つアドバイスさせていただくと、「辛いと思ってしまう気持ち」と「実際に辛い」のは別なので、もしかしたらあなたの場合、ほんの少し自分の気持ちを疑って、運動を習慣づけてあげるべきかもしれません。

ジムに入っているなら、まずはトレーナーさんに基礎から教えてもらって、無理のないよう、少しずつ体を作り直していきましょう。そのとき、とにかく「楽しい」と声に出して言ってみてください。辛い気持ちも本当に楽しくなったりするものです。

「楽しい」という言葉はまわりの人に伝染します。楽しい雰囲気の中でなら、いつもよりもうちょっと頑張ってみようと思うでしょ？　「楽しい」って、必ず自分に返ってくる魔法の言葉ですから。焦らずにゆっくりと。頑張ってくださいね。

Q

私の悩みを相談させてください。それは、人前で話すときにすごく緊張することです。プレゼンのように事前に練習や準備ができるものはまだいいのですが、パーティなどで突然挨拶を求められて、アドリブで話さないといけないようなときだと、緊張がマックスになり、声を出すのがやっとというほどドキドキします。何度やっても慣れません。

真治さんは、舞台挨拶でもいつも堂々とされていて、面白くてスゴいなあと思うのですが、なにか秘訣があるのでしょうか。教えてもらえると嬉しいです。

48歳女性（データアナリスト）

A

緊張するときって、多分自分で自分の理想を高く設定しすぎているのだと思います。理想的な自分を完璧に見せようと思うと、人は緊張するものです。

言うべきことをガチガチに決め込みすぎないことも大切です。

まずは、笑われる覚悟を持ちましょう。「笑わせる」のではなく「笑われる」のです。

以前、あるテレビドラマの制作発表の席で、僕はガッチガチに噛んで支離滅裂になってしまいました。そこで咄嗟に「今僕が言ったこと、わかる人いますか？　いたら説明、お願いします！」と委ねちゃった（笑）。そこにいる誰もが笑ってくれて、僕自身の緊張も解けました。

笑われることは底辺の屈辱ではありません。「笑わせる」ことと「笑われる」ことの境目なんて曖昧です。笑われる覚悟があることで得られる落ち着きとともに、伝えるべきことを伝えましょう。スピーチの内容をガチガチに決め込みすぎないことも大切です。

Q

私は、人に悩みを吐けません。

昔は思ったことをすぐに口にするタイプでした。数年前、人間関係がうまくいかなくなり、プライベートでも失敗続きだった頃、いつものように大切な人と飲みながら、愚痴ったり、泣いたりしていたら、「なんでそんなことを聞かせる？　美味しい酒も料理もマズくなったよ。人に心配されないように強くなりなさい」と激怒されました。

それ以来、自分の悩みを人に言えなくなりました。

ときどき自分でいっぱいいっぱいになり、苦しくなっています。とくに新型コロナで大変だった2020年はモチベーションもだいぶ落ち込みました。それを察して「大丈夫？」と声をかけてくれた友人にも、大丈夫じゃないのに「大丈夫」と言ってしまいました。

悩みを吐けないと言いつつ、大好きな真治さんに言うのもどうなんだろうと悩みましたが、思い切って相談しました。

38歳女性（サービス業）

A

わかります。すごくわかります。どこまでなら人に話してよくて、どこからがダメなのか、わからなくなったこと、僕もありますから。

愚痴を言う人の中には、「アドバイスはいらないの。ただ愚痴を聞いてほしい。それができない男は、器が小さい」とか言う人もいますが、愚痴を吐くのが自分に許された当然の権利だと思うのは間違っていると僕は思っています。あなたもそれにちゃんと気づいて、人に悩みが吐けなくなったんですよね。それはあなたが良識的に成長した証で、あなたの素晴らしい人格です。

ただ、すべてを自分一人で抱え込む必要はないはずです。ましてや、気にかけてくれている人に嘘をついてまで、自分を押し殺すことはありません。要は、話し方ではないでしょうか。愚痴に聞こえるか、相談に聞こえるかの境目なんて、そんなものでは？　あとはシチュエーション。会社の給湯室で小声で急に言ったら愚痴、カフェや居酒屋さんにつき合ってくれるような関係性の人に言葉を選んで話すのは相談。新型コロナで塞ぎがちなこのご時世、誰にとってもコミュニケーション不足は、大きな悩みですよね。安全対策のもと、人との触れ合いは途切れないようにしていきましょうね。

SECTION
5

死ぬまで生きる

逃げる。

17歳で単身親元を離れ上京、夜間の定時制高校に通いながら芸能活動を始め、20代前半では「ファッションリーダーで、ティーネイジャーが憧れる新しい時代のスターとはこういうものだ」という理想像を勝手に思い描き、まわりにも作られ、その呪縛で自分を精神的にも肉体的にも追い込んでしまったことがあります。「利害関係から人は自分に近づいてくるんだ」とプライベートでも心を閉ざし、友人はごく少数。

過労や栄養不足から顎関節症になり、サックスが吹けなくなって鬱っぽくなり……。『めちゃイケ』の収録に参加するのもやっと。他のことはなにもできなくなりました。

若くしてある程度の成功を得たことで、燃え尽き症候群になった部分もあると思います。当時はおそらくそんな言葉はなく、原因がわからないまま、ただただ苦しんでいました。

人から見たら、限りなくモテているんだろうと思われていた20代後半の3年間ほど、僕は女の子とつき合うどころか、会話すらできなくなっていたのです。

ひょっとしたら自分のセクシャリティの転換期かもしれないと思ったほど。

一時北海道の実家に閉じ籠もり、『めちゃイケ』の収録のときだけ上京するような生活をしたのもこの頃です。

心配した友人が東京から飛行機で会いに来てくれて、僕が少年時代を過ごした子ども部屋で話し込みました。

友人は「塞ぎ込んでいる理由はよくわからないけれど、どんな状況でも人生を楽しんだほうがいい。武田真治でいるということは宝くじに当たったようなもの。それをもっと謳歌したらどう？　なんだかんだ武田真治ってだけで、ほとんどの女の子はデートしてくれそうじゃん」と。僕にはまったくない発想すぎて、「はぁ？　なんだそれ？」とは思いましたが、なにか心に温かく引っかかるものがありました。きっと自分が自分を好きじゃないから、まわりの人も自分のことを嫌いなんだと勝手に思い込んでいたんでしょうね。男の人はみんな僕を恨んでいるように思えたし、女の人はみんな僕のことを気持ち悪いと思っているだろうと。

もっと後になって、その友達の言葉を信じ、思い切ってまわりに声をかけてみると、みんな普通に話してくれるではありませんか。利害関係なんて誰も意識していないし、僕に対してネガティブな思いなんて誰も持っていない。ただの僕のマイナス思考の空回り（笑）。普通なら小・中学生で経験して乗り越えてなきゃいけないようなことなのに、少年時代が夢へ向かって順風満帆すぎて、なにかが欠落していたんでしょうね。大人になってからでも、つまずくべきところで人はつまずくんです。

心が疲れたときは、現状から逃げてみることも大事だと思います。あのまま東京にしがみついていたら、もっと心がすり減って、もっと体も壊していたかもしれません。

食べる。

振り返ってみると、あの頃は、修行僧みたいな生活でした。

食事についてもいろいろ考えるうちに、まず僕ら人間と同じように母親に母乳で育てられる哺乳類が食べられなくなりました。可哀想、残酷だから。それから鶏肉や魚も食べられなくなって、結局卵さえも食べられない期間もありました。

まわりの同世代は、週3〜5で焼肉に行っているような時期に、完全なベジタリアン。野菜の他は白飯・そば・パスタ、豆類や果物しか食べていませんでした。

トレーニングを始めていた頃でもあったのに、サプリメントの知識もないから単純に栄養不足。ゲッソリと痩せて、風邪も引きやすくなっていました。

そうしたら、ある日お酒の席で人にこんなことを言われてしまったんです。

「君はいいスペックをたくさん持っているのに、なんだかくすぶっているね。牛肉、食べたほうがいいぞ」

僕が「なんで牛肉なんですか？」と尋ねたら、こんな答えが返ってきました。

「自分より大きいものを食べたら、より大きなものに立ち向かっていけるんだよ」

なんの裏づけもない話だが、僕はなんとなく腑に落ちました。

僕には、生きることに立ち向かい、それを克服しようというエネルギーが、すれ違った程度の人に見破られるほど足りなかったのです。


正しいとか正しくないとかではなく、人間にとって肉は必要なものなのでしょう。他の動物の命を食べなきゃ保てない肉体と精神状態があると思うと僕の頭はまた混乱しちゃうけれど、人間が生態系の頂上にいるのだから仕方ないことなんだと。今のところの人類の権利なんだと。これはもう、なるべく疑わないようにしなきゃいけませんね。本当のところはいつの日かわかるのかな。あれから随分と時も経ち、それに匹敵するかそれ以上の効果があるサプリメントなんかも開発されているのでしょうか。本当に正しい「食」ってなんでしょうね。

それから実際、ベジタリアンから少しずつ脱却して、今の僕がいます。肉を食べる僕がいます。

食べるときは「いただきます」ですね。

死んだら、死ぬほど時間があるから、
死んだ後のことは、死んでから考えろ。

あの頃は、体調も悪いし、サックスは吹けないし、事務所には「もう売り時を過ぎた」とはっきり言われるし、「これはもう、まだ自分で自分をコントロールできる意識があるうちに、人生をリセットしたほうがいいんじゃないか……」という感覚から逃れられなくなりました。それは、新しい別の仕事を探すという段階を超えてしまって、死ぬことばかりを考えるようになっていて……。

死ぬことが取り返しのつかない致命的な選択だという意識も曖昧なままで、感覚的には、「今度の休みにハワイにでも行って人生をリフレッシュしたいな」というのとあまり変わらない感じでした。今思うと本当に危ない精神状態でしたね。

札幌の実家にいても、「死」とか「死後の世界とは？」といった話しかしないから、両親が心配して、ご先祖様のお墓参りに連れていってくれました。

せっかくだからと、普段あまり会わない親戚たちと会う機会も作ってくれて。すっかり生気を失った僕をなんとか励まそうとしてくれたのでしょうね。

「東京でスターになった真治が帰ってくるぞ」ということでしょうか。親戚は大勢集まってくれました。

姪っ子や甥っ子にしてみたら、僕は芸能人になった自慢のお兄ちゃんのはず。でも、みんな明るく会話しているのに、僕は暗く黙り込んでいる（こないだ観た最後の劇場版の『エヴァンゲリオン』で主人公シンジくんが同じような態度だったなぁ。腹立ったなぁ）。

大人たちが話を振ってくれても、口をついて出るのは、

「死んだら、どうなるのかな？」といった言葉で場をしらけさせる始末。

そのうち、父の母の兄（おばあちゃんのお兄さん）である大伯父さんが、

「真治、お前は最近、そんなことばっか考えてんのか？」と踏み込んできてくれた。

「考えてるよ。大伯父さんは年齢的にも一番死に近いんだから、なにか知ってるんでしょう？」

失礼な物言いです。時代がもう少し前なら、確実に折檻《せっかん》だったでしょうね。

でも、大伯父さんはあっけらかんとこう答えました。

「死んだら、死ぬほど時間があるから、死んだ後のことは、死んでから考えろ」

僕は、このとんちのような答えに面くらいました。

大伯父さんはこうも続けた。

「オレが一番死に近いのに、この程度しか答えられない。お前はオレの歳になるまでずっと考えるのか？　どんなに考えても多分それは不正解だぞ」

それを聞いた瞬間、心がちょっと動くのを感じました。

少し楽になったというか。ほんの少し楽なほうに揺れたというか。

お金を使う。

大伯父さんは、そのとき、もう一つ大切なことを教えてくれました。

「どうしても死にたいなら死んだらいい。ただ死ぬときはお金を残しちゃいけないよ。そうしないと、残された者が悩み苦しむからな。なぜ死んだんだって」と。

すぐには言葉の真意を理解できたわけでもなく、むしろちょっとやけになって、手持ちのお金のほとんどを使って、そのときの最高級のベッドを購入しました。それまで硬いシングルベッドだったから、それが本当に寝心地がよくて、熟睡できる。よく眠れるようになると、食欲も出てきます。ちゃんと食べたら、体力も持ち直す。そうすれば気持ちがどんどん晴れていく。今度は「あれも欲しいな。お金を貯めなきゃ」「これも買おうかな。今度お金が入ったら」となり、再び働く意欲が芽生えてくるんです。

生きるうえでは、お金を使う喜びを知ることも必要なんでしょうね。「もし死ぬなら」とすすめられた散財で生きる楽しみを一つ知ることになりました。

生きているうちに、生まれ変わる。

同じ頃、母は、母の祖母である僕のひいおばあちゃん（曽祖母）にも会いに連れていってくれました。

僕は僕で、実際長生きしてきたひいおばあちゃんに、本当のところの「人生の意味」を聞いてみたいと思っていました。

ひいおばあちゃんはそのとき老人ホーム暮らし。施設に入った瞬間、独特の臭いがして、館内のあちこちからうめき声が聞こえてくる。失礼ながら「生きるとは、やはり惨めなことなんだ」とどんどん心がまた塞ぎ込んでいくのを感じました。

ひいおばあちゃんがいたのは一人部屋ではなく、何人かの老人が苦しそうに身体をよじり寝込んでいた部屋でした。僕は会いにきたことを後悔し始めました。

僕のそのときのメンタルでは、人の終末のリアルな姿なんて到底受け止め切れないと。本当に引き返そうとしました。案内してくれた職員さんが「一番奥のベッドの方ですよ」と教えてくれて、指されたほうを恐る恐る見たら、ベッドの上に綺麗に正座をして、窓の外を見ながら、みかんを一房ずつ剝いて食べている老女がいる。100歳近いのに、髪の毛はフッサフサ。

真っ白で長すぎず耳にかけられた髪は、少し開いた窓から吹き込んできた風でわずかに揺れていました。

僕はそれだけで少し嬉しくなりました。

彼女は僕らの気配に気づいて、パッとこちらを振り返り、僕が親しげに「おばあちゃん」と声をかけたら、少し困ったような表情でこう言いました。

「ごめんなさい。あなたたちが誰かがわからないのよ」と。

母は少し寂しそうだったかな。僕は単純に「わからないということが、わかっていてすごいな」と思いました。

親戚の集まりで、ぶっきらぼうに「真治、お前は元気ねぇな!」って言われると、乱暴に言い返してしまった僕でも、静かに語るひいおばあちゃんとは、なんだかすごく話しやすくて、

「僕が誰だかわからなくても、ちょっとお話聞かせてもらえる？」とたずねたら、「昼下がりの合同の体操の時間までなら」と、束の間のインタビューを受け入れてくれました。

ひいおばあちゃんが子どもの頃の北海道旭川周辺の風景や当時の乗り物、学生時代の過ごし方や僕が会ったことのないひいおじいちゃんとの出会いも聞きました。当時としては珍しくお見合いではなかったようだけれど、大恋愛というわけでもなさそうで、「なぜ結婚をしたの？」と尋ねたら、「最初は嫌だったけれど、言い寄られて、なんかそうしないといけなくなって……」と（笑）。目の前にいる目鼻立ちのはっきりした美人に、果敢にアタックしたひいおじいちゃんに今更ながら感謝です。あなたの勇気で僕は生まれてくるチャンスを得たんですね。

時間もさしせまり、最後に何気なく、
「人生で一番嬉しかったり、楽しかったことはなに？」と聞いたら、
「自分の子ども（僕のおばあちゃん）がお遊戯会とか運動会とか、人前でなにかをやっている姿を見ることほど、楽しいことはなかったわ」と言いました。

それを聞いた瞬間、それまでバラバラに感じていた心と体が一瞬でがっちりとシンクロして、指の先や爪先まで、一気に血が巡るような感覚がありました。

僕は勝手になにかに絶望して、死ぬことなんかを考えたりしてみたけれど、こんなのはただの甘えだったんだと。どうしようもないバカたれ。自分のことを誰よりも心配してくれている目の前の母親から、人生で一番というその喜びを奪おうとしていたのか。なんて親不孝なんだ、と。

死ぬなんてことをもう絶対に考えてはいけないと、心に強く誓いました。

そんな僕の覚醒をよそに、ひいおばあちゃんは笑顔で続けます。

「本当よ。あれほど楽しいことは他にないんだから。娘のときもそう。孫（僕の母）のときもそう。ひ孫のときもそうだったの」と。

「ひ孫が東京に行ってから、テレビで観るのも楽しくて」と思い出してくれて！

「あっ、覚えているんだ！」とビックリして、「それが僕だよ！」と言ってみたけれど、ひいおばあちゃんはピンとこない様子。

母が「これがその子、私の息子。東京に行った真治よ」と言っても、自分の中の

記憶と、目の前のことを結びつけようとすると混乱するようで、

「私にひ孫なんていたかしら？」と。

でももう僕は悲しくありませんでした。

なんだか生まれ変わったかのように、僕の心には小さな光が灯《とも》り始めていたから。

なんなんだろう。なんと言えばいいのか今でもわかりません。

先に約束した通り、合同の体操の時間だからと、ひいおばあちゃんは、僕たちのインタビューを切り上げました。

ロビーに集まった老人たちのほとんどは、車椅子に座ったまま、腕だけ伸ばして体操をしていましたが、僕のひいおばあちゃんは立ち上がり、しっかりと腰を伸ばして体操をしていました。

それが、僕が見たひいおばあちゃんの最後の姿です。

しばらくして、大伯父さんもひいおばあちゃんも亡くなりました。あの日あのと

き、話してもらえて本当によかった。
お葬式には行けなかったけれど、またお墓参りに行きますね。本当に本当に感謝しています。ありがとう。

僕は元気だよ。

この人生を楽しんでいます。

Q

私は将来、世界を平和にしていくために貢献できるお仕事に就きたいと考えています。武田さんはどんな世界が平和な世界だと思いますか？

18歳女性（高校生）

A

すべての人が、自分たちの小さな幸せに気づける世界が、平和な世界だと僕は思います。大義を振りかざしたり、自分が考える幸せと、他人《ひと》が考える幸せは、どちらがより幸せかなどと言い始めると、また争いが起きてしまいます。
平和な世界にしていくために、あなたには小さな幸せに気づける人間でいてほしいと思います。まわりの人たちにも、それぞれの小さな幸せに気づけるような優しさを日常生活の中で示してあげてください。そして、どんな仕事に就いても世界を平和にしていくために貢献できることを憶えていてほしいと思います。

皆様、相談してくれてありがとうございました。

おわりに

最近、やっと自分の中に自分を見つけたように思います。

生きる。生きてきた。という実感を持てるようになったのでしょう。

デビューして30年経ち、人生が折り返したであろう50歳目前でようやくです。

なかなか時間がかかりましたね。

でも、それが「僕らしい」のかもしれません。

この本で掲げた「言葉」はある時期の僕を支えた僕自身の「言葉」です。

人生には、良いことも悪いことも、たくさん起こります。

そのすべてと折り合いをつけて生きていくために、人には絶対に「言葉」が必要なのだと思います。

この中に少しでもみなさんを支えられるような言葉があれば、これほど嬉しいことはありません。

最後まで読んでくださって、ありがとうございます。

武田真治

ブックデザイン　山本知香子
撮影（人物）　前 康輔
撮影（言葉）　菊岡俊子
スタイリング　伊藤伸哉
ヘアメイク　堀江万智子
構成　井上健二
アーティストマネジメント　清水克彦（ホリプロ）
パブリシティマネジメント　佐野浩子（ホリプロ）
編集　竹村優子（幻冬舎）

武田真治

1972年、北海道生まれ。俳優、ミュージシャン。89年、第2回ジュノン・スーパーボーイ・コンテストでグランプリ受賞。翌90年にTVドラマで俳優デビューを果たす。92年、TVドラマ「NIGHT HEAD」で注目を浴び、「七人のおたく」で映画に初出演。95年には蜷川幸雄演出の舞台「身毒丸」で主演を務めた。映画「御法度」では日本アカデミー賞優秀助演男優賞とブルーリボン賞最優秀助演男優賞を受賞。演劇・ミュージカルで活躍する一方、NHK「みんなで筋肉体操」で鍛え抜かれた肉体に注目が集まる。また、サックスプレイヤーとして多彩なミュージシャンと共演、ライブをこなす。著書に『優雅な肉体が最高の復讐である。』(幻冬舎)がある。

上には上がいる。中には自分しかいない。

2021年10月15日　第1刷発行

著　者　武田真治
発行人　見城 徹
編集人　菊地朱雅子
編集者　竹村優子

発行所　株式会社 幻冬舎
〒151-0051 東京都渋谷区千駄ヶ谷4-9-7
電話　03（5411）6211（編集）
　　　03（5411）6222（営業）
振替　00120-8-767643
印刷・製本所　図書印刷株式会社

ISBN978-4-344-03761-8　C0095
幻冬舎ホームページアドレス　https://www.gentosha.co.jp/

この本に関するご意見・ご感想をメールでお寄せいただく場合は、
comment@gentosha.co.jpまで。